HISTORIA DE ESPAÑA

César Vidal y Federico Jiménez Losantos

# HISTORIA DE ESPAÑA

Planeta

Diagonal, 662-664, 08034 Barcelona (España)



Primera edición: enero de 2009
Segunda impresión: febrero de 2009
Tercera impresión: marzo de 2009
Cuarta impresión: abril de 2009
Depósito Legal: B. 16.929-2009
ISBN 978-84-08-08211-8
Composición: Víctor Igual, S. L.
Impresión y encuadernación: CAYFOSA (Impresia Ibérica)

# Índice

# Prólogo

No siempre resulta fácil trazar con exactitud el momento en que nace un libro. No es el caso del que ahora el lector sostiene entre sus manos. Fue en el verano de 2006, en Miami, estado de Florida. Federico Jiménez Losantos y yo habíamos quedado para tomar un café y, de paso, para comentar algunos aspectos de la siguiente temporada de radio en COPE. Fue entonces cuando Federico tuvo la idea —que me sugirió inmediatamente— de que me ocupara de una sección de Historia en su programa de la mañana. La finalidad sería acercar la Historia de España —tan maltratada en las últimas décadas— a la gente de la calle y, de manera muy especial, a aquellos que más la desconocían; es decir, a los que estaban llegando por millones a España, a los que estaban recibiendo el pasaporte español y, de manera muy especial, a esas generaciones que llevan padeciendo desde hace años —demasiados— la LOGSE, que tanto daño ha causado a nuestra nación en términos culturales y educativos.

Había pensado también Federico que la aproximación a la Historia fuera lo más sencilla y accesible que imaginarse pueda. Para ello, se le había pasado por la cabeza que estuviera articulada en torno a preguntas sencillas y respuestas no menos simples, al estilo del catecismo para niños o, mejor todavía, de la *Enciclopedia Álvarez* con la que se educaron generaciones de españoles. «De esa manera —decía Federico—, se puede preguntar quiénes eran los fenicios y tú podrías dar una respuesta sencilla, de ésas que se les quedan a los niños y también a los adultos.»

Fue así cómo empecé a preparar, ya en aquel húmedo verano de Miami, las primeras entregas de *Historia de España para inmigrantes, nuevos españoles y víctimas de la LOGSE.*

Las emisiones se iniciaron en septiembre de 2006 precedidas por las notas de *Resistiré*, una extraordinaria canción del Dúo Dinámico, con la que Federico deseaba poner de manifiesto el espíritu que nos movía. Frente a la supina ignorancia derivada del sistema educativo, a la descarada falsificación de la Historia impulsada por la izquierda y, sobre todo, por los nacionalistas, y al proceso creciente de desertización cultural, deseábamos señalar que íbamos a resistir con todas sus consecuencias con valor, decisión, verdad y, de manera muy especial, cultura.

En este volumen está recogido el primer medio centenar de episodios, aquellos que van desde los primeros pobladores de España hasta los Reyes Católicos. No se trata —nunca insistiremos bastante— de una Historia para eruditos sino para aquellos que no la conocen o que desean recordar lo que aprendieron en la época de su infancia. Y no quiero entretenerlos más. Estos primeros siglos de Historia de España —España, qué bien suena... Si hasta parece que a uno se le ensancha el alma— les están esperando.

CÉSAR VIDAL

*Miami-Madrid, verano de 2006-verano de 2008.*

# Cuándo, cómo y por qué viene al mundo este librito

Seamos breves también en la introducción de este volumen que, de puro conciso, se limita a medio libro. El otro medio, la Historia de España desde los Reyes Católicos a estos días oscuros que vivimos, está en el telar y, si nada se tuerce, vendrá al mundo a hacerle compañía a su hermanito siamés el año que viene. Hablemos pues de su origen y modestas aventuras hasta que el lector lo haga suyo, espero que tras haberlo pagado.

César ya ha explicado el cuándo. Fue hace casi dos años, en uno de esos veranos miamenses que permiten quedarse leyendo en la nevera (aire acondicionado doméstico al modo floridano) un mes entero sin necesidad de excusarse. Pero el cómo de ese cuándo era más complicado. Yo había imaginado dos versiones posibles: en Libertad Digital TV o en la COPE. Preferí la radio porque es más sencillo técnicamente y nunca puede saberse si un programa funcionará. Para ser sincero, diré que sólo estaba seguro al noventa por ciento. Pero siempre hay un diez por ciento de albur y, si no, en la COPE nos lo inventan. Desde 1991, cuando los náufragos de Antena 3 Radio llegamos a esta cadena, siempre se dice lo mismo: «Los programas van mal y este año... es el último.»

César y yo terminábamos el contrato en junio y, por supuesto, también ese año era el último, así que decidimos desafiar nuestro destino laboral. Empezaríamos la *Breve Historia* en la COPE. Si seguíamos en ella, la completaríamos (Dios mediante, añade siempre César) en dos o tres años. Si salíamos de la COPE, continuaríamos la serie en Libertad Digital TV. Y si también se cerraba esa ventana, en otro sitio. Y si no, tiempo habría. Y si tampoco había tiempo, al menos habríamos pasado un año haciendo dos cosas que nos gustan. A mí, hacerme preguntas sobre la Historia de España; y a César, contestarlas. O a César que se las pregunten y a mí que me las contesten, y, de propina, al modo periodístico antiguo: con derecho a repregunta. En la radio, lo normal es que salga bien lo que haces a gusto, sea por el asunto tratado, los participantes e incluso la hora, si el programa es largo. «Lo de César» iría a las diez y media aproximadamente, tras las dos horas de tertulia política, las noticias de las diez y *¿Qué me pasa, doctor?* Y es uno de esos programas que ni siquiera tienes que preguntar si van bien: van bien.

Dos cosas pueden resultar chocantes: la fórmula elegida de preguntas brevísimas y respuestas breves (de ahí la *Breve Historia...*) y, antes aún, la inclusión en el título de los supuestos destinatarios del programa: inmigrantes, nuevos españoles y víctimas de la LOGSE, que también fue evolucionando conforme iba perfilando el proyecto con César. Primero fueron los «inmigrantes», que llegaban por millones a nuestro país en un fenómeno sin precedentes en toda nuestra Historia y que, en cualquier nación digna de ese nombre, obliga a los indígenas a explicar de forma sencilla en qué país están y cómo ha llegado a ser, que es la primera escuela de ciudadanía. Al constatar que el fenómeno no era como el de los dos millones de españoles que fueron a trabajar a Alemania con contrato de trabajo en la década de 1960 y que volvieron casi todos, sino una gigantesca oleada al modo iberoamericano en los Estados Unidos, creí necesario añadir «nuevos españoles», porque era visible que casados antes de llegar a España o una vez aquí, ellos querían, sin dejar sus orígenes, ser españoles y que lo fueran sus hijos. Pero, ay, esos españolitos con *dodotis* tropezarían inevitablemente con la mala educación pública y privada de la que la LOGSE es símbolo y modelo nefasto. Así que a ellos también iría destinado el libro. El modelo pedagógico de preguntas y respuestas para aprender cualquier materia ha sido utilizado durante siglos, si no milenios, para llegar al mayor número posible de personas, desde la más tierna infancia o a pesar del analfabetismo generalizado. Aun sin leer, se trata de grabar en la memoria, cuanto más virgen mejor, preguntas pensadas para contestarse durante toda la vida, como «saberes» indiscutibles ya ancestrales. El más popular y democrático de todos era el *Catecismo católico*, tan eficaz que en los orígenes de nuestra andadura como régimen liberal, hace ya dos siglos, procreó los «catecismos patrióticos», que usaron ese modelo para extender a todos los españoles (tres de cada cuatro eran analfabetos, como sucedía en casi todos los grandes países civilizados, pero no tontos) los nuevos principios de la vida pública que no se oponían, o no del todo, a los antiguos, pero sí matizaban o ampliaban lo que era España y lo que debían ser sus hijos.

Digan lo que digan los filósofos, en la enseñanza lo propio de la pregunta es la respuesta. La fórmula milenaria es la de la educación misma. Nace de la humildad de preguntar lo que no se sabe y desemboca en la humildad de contestar la pregunta, pero sólo ésa, sin extenderse ni adornarse más. Y así, interminablemente. A ningún niño le cansa repetir las preguntas —en una época de la infancia es la criatura quien cansa a los padres— ni que le repitan las respuestas sobre su origen: cuándo nació, a qué hora, si llovía o había sol, quiénes fueron sus padres, cómo se conocieron, cómo se casaron y, sobre todo, cómo su madre lo trajo al mundo y qué hizo él al llegar. En esa epopeya, no por repetida menos importante, son continuas, obsesivas, las preguntas sobre la madre y el idilio que desembocó en su milagrosa llegada al orbe. Y ése es, a mi juicio, el origen de la curiosidad: qué hacemos aquí, cómo hemos llegado, en qué sitio hemos caído. Y como España es, históricamente hablando, nuestra madre, nos interesa todo lo que en su vida le haya sucedido. Nunca cansa preguntar sobre sus cosas ni nos aburre que nos las cuenten, porque, al fin y al cabo, preguntar por ella es preguntar por nuestra propia vida.

Aclararé un aspecto técnico pero relevante en la elaboración de este libro. El programa semanal partía normalmente de cuatro o cinco preguntas con un guión de las respuestas preparado por César. Luego, ese diálogo se alargaba más o menos según los días, el asunto tratado, el límite de tiempo impuesto por la publicidad de esa semana y otros albures imprevisibles. La disyuntiva que se nos planteó era transcribir literalmente los programas de radio, con el diálogo no preparado entre César y yo, o limitarnos en lo esencial a los guiones de César para hacer un libro lo más breve posible. Yo creo que la segunda opción es la buena, así que ha habido una primera versión del conjunto de los guiones de César, que incorporaba algunos diálogos nuestros al final, pero que ha sido revisada por mí hasta no dejar casi ninguno. A cambio de podar mis apariciones, me he preocupado por buscar una ilustración o dos para cada capítulo, aunque luego la editorial hará con ellas lo que crea oportuno. Sinceramente, creo que es la fórmula que mejor sirve a nuestro propósito divulgador, la que resume mejor los contenidos a costa de las anécdotas y los coloquialismos de la radio. Es responsabilidad mía. Tiempo habrá para rescatar en CD o DVD los programas en directo y escucharlos en casa o en el coche.

Durante muchos siglos, sin duda los cinco últimos, pero podríamos decir diez, quince o hasta veinte, España ha tenido una población muy homogénea en lo racial, religioso y cultural, hecho llamativo dada su situación geográfica. Aunque hoy, para destruir la idea misma de nación española, se hable de su pluralidad lingüística, religiosa o racial, lo que sorprende al asomarse a su historia es lo contrario. Cómo pasa de encrucijada a solar, de caos disperso a unidad más o menos ordenada, pero siempre conservando unos rasgos básicos, en lo político, lo religioso y lo cultural. ¡Dos mil años se dice pronto! El noventa por ciento de las naciones que se sientan en la ONU apenas pasan de doscientos. Aunque sólo fuera por esa singularidad, ya valdría la pena estudiar la Historia de España, rica, escalofriante, trascendente, asombrosa como pocas.

Vayamos ahora con los dedicatorios de este libro, que en principio fueron los nuevos españoles inmigrados y sus hijos. En una década, España ha pasado de 30,5 millones de habitantes a 45 millones, entre un 15 o 20 por ciento más. Y no por aumento de la base demográfica tradicional, blanca y católica, sino por la llegada masiva de gente de muy distinta raíz geográfica, racial, religiosa y cultural. Son africanos negros y moros, asiáticos chinos e hindúes, iberoamericanos blancos o mestizos, eslavos y europeos del Este que han cambiado de raíz el paisaje humano de nuestras calles, empezando por las grandes ciudades y sus barriadas, pero llegando en poco tiempo hasta el último rincón de la península Ibérica y de sus archipiélagos. Y como casi todas estas personas y sus descendientes han llegado para quedarse, es preciso explicarles qué ha sido, qué es y qué puede ser esta patria común, esta tarea a la que llamamos «España».

En esta primera parte del libro, desde el año 3000 a. de J.C. —cuando suele fecharse la civilización tartésica y la fundación de Cádiz, primera ciudad de Europa—, hasta la gran recreación de España por los Reyes Católicos, a caballo entre los siglos XV y XVI, se explican los rasgos esenciales de una nación que desde entonces se convierte en actor del devenir universal, sobre todo americano y europeo, pero también africano y asiático. Lo más llamativo, a mi juicio, es el afán de continuidad de un proyecto que se define en torno a la civilización romana y el cristianismo, que adquiere perfil propio en el siglo IV con Teodosio, que cuaja nacionalmente en el reino visigodo —siglos V-VIII— y que tiene su aurora apologética en el *Laus Hispaniae,* de Isidoro de Sevilla, aquí reproducido. En cifras, podríamos decir que en España lo romano supone nueve siglos —dos de conquista a sangre y fuego de primitivas y belicosas tribus peninsulares, cinco de fecunda civilización romana, cristiano-romana realmente desde el siglo II, oficialmente desde el siglo IV— y otros dos siglos de continuidad romano-visigótica. La Reconquista son siete siglos de durísima resistencia y reconstrucción de esa España romana y cristiana frente al más devastador poder militar de la época, el de los musulmanes. La magna obra de los Reyes Católicos es el colofón lógico de esa epopeya secular de continuidad nacional y también el meditado desarrollo de la que sería una formidable expansión universal de lo español.

Si en términos de civilización datable abordamos más de dos milenios y medio, y en términos rigurosamente históricos más de mil setecientos años, es evidente la enorme complejidad y a veces la oscuridad en muchos lances y trances de nuestra historia. Sin embargo, cuando no está clara una cosa; cuando un personaje o una supuesta hazaña no son lo que se cree, se aclara la verdad; y cuando algo viene siendo objeto de disputa pero hay forma seria de despejar las dudas, se hace. En particular, hay algunos capítulos en los que se abordan las invenciones y supercherías de los separatistas sobre la Historia de Cataluña, Galicia o el País Vasco y sobre la Historia común de España. Como apunta César en su «Prólogo», ésa es una de las razones, o mejor, de las necesidades intelectuales y cívicas que nos han llevado a este esfuerzo de divulgación semana tras semana. Si cada día se miente descaradamente sobre nuestro pasado común, ¡qué menos que desmentir esas trolas un día de cada siete! Pero hemos tratado siempre de no caer en la idolatría contraria, dando lo malo por bueno por el simple hecho de ser español. Si todo fuera color de rosa no sería magnífico ni milagroso; sería, sencillamente, falso.

Pero tanto los jóvenes a los que no se les enseña Historia de España o se les enseña mentida, los inmigrantes que han unido su suerte a la de esta viejísima nación en apuros y, en fin, todos los nuevos españoles que lo son o quieren serlo hallarán, creo, en estas páginas pruebas fehacientes de lo que su propia vida demuestra: nada está nunca decidido ni resulta irreversible en los procesos históricos. Todas las vidas, afanes y voluntades son relevantes, aparte del sagrado ámbito personal, en la historia común. No existe un proceso —y aquí lo vemos en el caso de la Reconquista— que no esté sujeto a los cambios impuestos por las personas, tanto en procesos bien pensados como en las improvisaciones fulgurantes, tanto en las genialidades como en las flaquezas, abulias y cancelaciones. La Historia puede ser cambiada, aunque no debería ser reescrita, por sus protagonistas, y pocas lo demuestran tanto como la de España. En fin, ojalá los lectores saquen de este libro la enseñanza de que, en la torcida naturaleza humana, no hay fuerza mayor que la libertad individual abriéndose camino entre la libertad o tiranía de los demás. Ésta es, sigue siendo, la raíz de la Historia de España. Pero toda nuestra Historia milenaria y prodigiosa valdría poco, más allá del escarmiento, si no sirviera a la causa de la libertad individual de cada uno, del último recién llegado, del que acaba de nacer.

FEDERICO JIMÉNEZ LOSANTOS

CAPÍTULO PRIMERO

# Los primeros pobladores de España

**César, hoy empezamos esta nueva sección destinada a la Historia de España para inmigrantes, nuevos españoles y víctimas de la LOGSE. ¿Por dónde empezamos? Algunos autores hablan de Atapuerca, de los primeros humanos que anduvieron por aquí. ¿Cuál es tu opinión?**

Para ser sinceros, hay que señalar desde el principio que en Atapuerca no comienza nuestra Historia. Hay que diferenciar con mucha claridad entre Historia y Prehistoria e incluso entre Prehistoria y paleontología.

Para el paleontólogo, deberíamos comenzar nuestro relato en la sierra burgalesa de Atapuerca donde en 1976 Emiliano Aguirre descubrió la sima de los huesos y, en 1994, Carbonell, Bermúdez de Castro y Arsuaga, la Gran Dolina. Se trata de yacimientos que han sido fechados hace trescientos mil años y hace casi ochocientos mil respectivamente. Sin embargo, no podemos hablar de Historia ya que no contamos con documentos de carácter fehaciente y, por otro lado, es obvio que los hombres de Atapuerca no escribían.

**Entonces la Historia estaría relacionada con la escritura...**

En un sentido estricto, sí. Antes de la escritura, tenemos, como mucho, Prehistoria.

**¿Y cuándo comienza «nuestra» Prehistoria?**

De manera convencional se suele decir unos cincuenta mil años antes de Cristo, cuando algunos hombres primitivos entraron por el Pirineo. En torno al 10000-14000 a. de J.C. ya contamos con extraordinarias muestras artísticas en Altamira, junto a Santillana del Mar, en Cantabria. Sin duda, esos aportes resultan relevantes, pero para el historiador, en un sentido exacto, nuestra Historia comienza con lo que denominamos de los primeros pobladores.

**¿Y quiénes fueron los primeros pobladores de España?**

Con esa pregunta comenzaban algunos de los manuales de nuestra infancia. Como recordarán muchos, los primeros pobladores fueron los iberos y los celtas que se asentaron en la península Ibérica unos mil años antes de Cristo.

**¿Y qué sabemos de los iberos y de los celtas?**

De los celtas sabemos que vinieron por el Pirineo y quizá sucediera lo mismo con los iberos, que entonces procederían del Cáucaso. Sin embargo, en este caso concreto, algunos autores sostienen que los iberos eran de origen africano.

Los iberos —algunos prefieren hablar de «complejo ibero»— se asentaron grosso modo en Levante y Aragón, mientras que los celtas se establecieron en Galicia y Portugal.

**Iberos, celtas... ¿Y quiénes fueron los celtíberos?**

Los celtíberos fueron fruto de la fusión de celtas e iberos en el centro de la península Ibérica hacia el 700 a. de J.C.

De ellos se originaron pueblos como:

- los carpetanos, asentados en la cuenca del Tajo;
- los arévacos, al norte, que tenían su capital en Numancia;
- los vetones, a los que debemos los famosos toros de Guisando;
- los oretanos, establecidos en sierra Morena;
- los vacceos, situados en la cuenca del Duero.

Además, en el norte estaban también los astures, los galaicos y los cántabros, así como los vascones. Todo ello sin referirnos al reino de Tartesos.

**¿Eran los vascones una raza diferente como pretenden algunos?**

Pues a riesgo de desilusionar a algunos, lo cierto es que los vascones eran tan iberos como los iberos de otras partes de España. En esa época, los vascones ocupaban lo que ahora es Navarra. Por lo que se refiere a las Provincias Vascongadas, en ellas no había vascones. Por el contrario, estaban ocupadas por várdulos, caristios y autrigones, que eran cántabros. Resumiendo, que los vascones no eran de una raza diferente. A decir verdad, los autores clásicos describen a todos los habitantes de la península Ibérica dotados de unas características comunes.

**¿Cuáles eran esas características?**

Pues merece la pena recordarlas porque volveremos a encontrarlas en los milenios siguientes de la Historia de España. En primer lugar, el heroísmo en el combate que explica que muchos ejércitos extranjeros desearan contratar a los nativos como mercenarios. En segundo lugar, estaba su amor por la independencia. Y a ello hay que añadir que eran pasionales (más que racionales), individualistas, insolidarios con otros pueblos hispanos —algo para reflexionar hoy— y muy creyentes en el más allá.

**¿Y de esa época no tenemos algún personaje histórico?**

Con discusiones —porque algunos lo consideran legendario— tenemos a Argantonio, rey de Tartesos.

**¿Qué sabemos de Tartesos y de Argantonio?**

Tartesos fue la primera civilización de Occidente. Estaba situada en España y procedía, muy posiblemente, de la cultura megalítica del suroeste español. Comprendía, grosso modo, las provincias de Huelva, Sevilla y Cádiz. Tartesos tuvo influencia fenicia e incluso posiblemente egipcia. Por la Biblia sabemos que Salomón (siglo X a. de J.C.) comerció con ella y también tenemos referencias en la estela de Assarhadón del siglo VII a. de J.C. y en el profeta Ezequiel en el siglo VI a. de J.C.

Gobernada por una monarquía sujeta a leyes de extraordinaria antigüedad, conocemos los nombres de sus reyes mitológicos como Gerión —cuyos bueyes robó el héroe griego Hércules en uno de sus «trabajos»—; Norax, su nieto, que conquistó Cerdeña; Gárgoris, primer rey de la segunda dinastía de Tartesos, inventor de la apicultura y el comercio; y Habis (y no Habidis), hijo bastardo de Gárgoris, que decretó las primeras leyes, dividió la sociedad en siete clases y prohibió el trabajo a los nobles.

Más base histórica tiene el dato de que, según Heródoto, en el siglo V a. de J.C., una nave griega, procedente de Focea y mandada por Colaios de Samos, llegó al reino de Tartesos. Fue allí donde encontraron a Argantonio. Teóricamente, habría nacido en el 670 a. de J.C. y habría sido coronado en el 630 a. de J.C. Su fallecimiento habría tenido lugar en el 550 a. de J.C. cuando contaba ciento veinte años que, por cierto, es la edad dorada de los Patriarcas en el Antiguo Testamento. No son datos indiscutibles sino algo míticos.

**¿Qué relaciones tuvo Argantonio con los griegos?**

Al parecer, les dio dinero para construir una muralla contra los ataques persas y además les ofreció quedarse en su reino. De ese encuentro, procedería la colonia que los griegos establecieron en Mainake, en Málaga. Estaríamos ya hablando de los primeros colonizadores de España, pero eso tenemos que dejarlo para un capítulo posterior.

CAPÍTULO II

# Los primeros colonizadores: fenicios y griegos

*En el capítulo anterior nos referimos a la creación de la síntesis celtíbera que transcurrió en paralelo con el establecimiento de las primeras colonias en España: las de fenicios y griegos.*

## ¿Quiénes eran los fenicios?

Eran un pueblo semita establecido en lo que ahora conocemos como el Líbano. De carácter eminentemente comercial, se lanzaron al mar y establecieron colonias por toda la cuenca del Mediterráneo. España, con sus costas y sus materias primas, no podía ser una excepción. Y no lo fue.

## ¿Cuándo llegaron a España?

En torno al siglo XII a. de J.C. Es muy posible que con ellos llegaran también los primeros judíos que se establecieron en la península Ibérica.

## ¿Dónde se establecieron los fenicios?

En primer lugar, en Gadir, la actual Cádiz que, no lo

olvidemos, se convirtió en la primera ciudad de Europa mucho antes que Roma o Atenas. La excepción a esa primacía la presentaría Tartesos, pero no ha llegado hasta nuestros días, como Cádiz.

**¿Estuvieron mucho tiempo los fenicios en España?**

Casi un milenio. En Cádiz, por ejemplo, se quedaron hasta el siglo III a. de J.C., en que fueron desplazados por los cartagineses.

**¿Qué buscaban los fenicios?**

Fundamentalmente, intercambiar bienes que traían de Oriente por materias primas como la plata, el cobre, el oro, el estaño y las salazones.

**¿Y qué nos aportaron aparte del comercio?**

Mucho. La verdad es que los fenicios han tenido una influencia considerable en nuestra Historia, pero de la que parece no acordarse nadie. Por ejemplo, les debemos el alfabeto, que tiene una importancia extraordinaria en la Historia de la cultura humana. Pero además, les debemos la agricultura y la ganadería avanzadas —como la producción del aceite de oliva, el pastoreo y los sistemas de cultivo e irrigación—, la metalurgia, la navegación, la industrialización de consumo y el comercio.

Con toda justicia se puede decir que antes de los romanos —a los que tanto debemos— y de los árabes —a los que ya veremos que no les debemos prácticamente nada— estuvieron los fenicios y que su aportación resultó extraordinaria.

**Bueno, los griegos sí sabemos quiénes fueron —o, al menos, eso esperamos—, pero ¿cuándo llegaron a España?**

Como los fenicios, eran otro pueblo mediterráneo —aunque no semita, sino ario— también volcado al mar y al comercio. A la península Ibérica llegaron entre los siglos VIII y VII a. de J.C. De hecho, la polis griega Focea tuvo tratos con Argantonio.

**¿Dónde se establecieron?**

En las Baleares, Levante y el Estrecho, todas éstas eran zonas estratégicas. Entre las ciudades que fundaron se encuentran Ampurias, una palabra que viene del término griego *Emporion* y que ha dejado en castellano la palabra «emporio»; también Rosas y Akra Leuka (Alicante).

Es muy posible que los éxitos griegos estuvieran muy relacionados con la alianza que establecieron con el reino de Tartesos. Los vínculos debieron de llegar a ser muy estrechos, porque cuando los griegos sufrieron la derrota de Alalia, a mediados del siglo VI a. de J.C., sonó la hora final de Tartesos.

**¿Qué nos aportaron los griegos?**

A decir verdad, menos que los fenicios. Las colonias griegas fueron, por regla general, una prolongación de Grecia en el extranjero, pero no da la sensación de que esa circunstancia se repitiera en España con tanta fuerza. Sin embargo, nos dejaron dos grandes legados. En primer lugar, el nombre de Iberia referido como una unidad a la península Ibérica y sus habitantes, y además, la moneda, un aporte ciertamente extraordinario.

CAPÍTULO III

# Los cartagineses. Cartago conquista España (I): Amílcar Barca

*Entre las colonias establecidas por los fenicios en la cuenca del Mediterráneo destacó Cartago. De hecho, con el paso del tiempo, Cartago acabó convirtiéndose en una potencia marítima que superó a los fenicios y a los mismos griegos. Los cartagineses aparecieron por nuestras costas siguiendo el paso de los fenicios y buscaban, al principio, sólo determinados productos locales. Sin embargo, pronto concibieron la idea de conquistar su suelo. Fueron los primeros de una larga lista de invasores.*

## ¿Por qué decidieron los cartagineses conquistar la Península?

La razón se encuentra en el enfrentamiento entre Roma y Cartago. De la primera guerra púnica (264-241 a. de J.C.), Cartago emergió derrotada y con la obligación de abonar una indemnización a los vencedores. Para resarcirse de las pérdidas de ese conflicto, ya no bastaba con el comercio con España, sino que había que hacerse con sus muy importantes materias primas.

**¿Cómo se inició la conquista?**

La empezó uno de los grandes militares cartagineses, Amílcar Barca, que partiendo de Gadir, consiguió hacerse con el control de Turdetania.

**¿Cómo transcurrió la conquista?**

Tras asegurarse la Turdetania, Amílcar fundó una factoría cerca de la Antigua Akra Leuka como desafío a Roma y a los griegos. Fue precisamente en ese momento cuando Roma insistió en que detuviera su avance por Levante. Lo consiguió (231 a. de J.C.) en ese aspecto concreto, pero no pudo impedir el avance cartaginés. De hecho, Amílcar tomó entonces Elche (Hélike) y se enfrentó con el ibero Orisón. Tras vencerlo, fundó Cartagena, que en cartaginés se denominó Kart Hadasht, es decir, «la ciudad nueva».

Aquellos avances acentuaron la inquietud de Roma, que concluyó un tratado con Cartago en virtud del cual ambas partes se comprometían a no pasar del río Ebro (Iberus). Fue en el 228 a. de J.C.

**¿Cómo consiguieron imponerse los cartagineses?**

Fundamentalmente, por la división de los hispanos. Como tendremos ocasión de ver, los hispanos unidos siempre fueron un enemigo formidable para los ejércitos invasores, pero desunidos constituían una presa relativamente fácil. A pesar de sus éxitos, los cartagineses, sin embargo, no consiguieron permanecer en España, pero de ello hablaremos en el próximo capítulo.

CAPÍTULO IV

# Cartago conquista Hispania (II): Aníbal

*En el capítulo anterior vimos cómo Cartago y Roma se enfrentaban en una verdadera guerra mundial por el control del Mediterráneo. Ahora nos vamos a ocupar de cómo España se vio involucrada en esa guerra. Lo haría de la mano de uno de los grandes genios militares de la Historia: Aníbal.*

**¿Quién era Aníbal?**

Era cartaginés e hijo de Amílcar Barca que, siendo niño, le obligó a jurar odio eterno a los romanos. La relación de Aníbal con España fue muy estrecha desde el principio de su vida. Así, desde los nueve años, Aníbal vivió en España e incluso contrajo matrimonio con Himilce, una princesa ibérica de Cástulo.

**He visto su estatua en Linares. Y en Teruel conocí a una Himilce. Algo se la recuerda. ¿Cuándo empezó la carrera de Aníbal?**

Cuando, en el 222 a. de J.C., el general cartaginés Asdrúbal fue apuñalado por un ibero que deseaba vengar a su jefe, Aníbal —con tan sólo veinticinco años— se convirtió en jefe de las fuerzas de Cartago en España.

Su carrera militar resultó verdaderamente fulgurante. En el 221 a. de J.C., Aníbal venció a los olcades. En el 220 a. de J.C. entró en los valles del Duero y del Tajo y tomó Helmántica (Salamanca) y Arbucala (Toro). Sin embargo, lo que perseguía el cartaginés no era sólo controlar España sino vencer a Roma, la potencia enemiga de su patria.

**¿Cómo se inició la guerra entre Cartago y Roma?**

La inició Aníbal cuando atacó Sagunto en la primavera del 219 a. de J.C. Se trataba de una ciudad protegida por Roma y pretextando que iba a terciar en un conflicto entre esta ciudad y los turboletas, que entonces habitaban tu tierra, Teruel, Aníbal se dirigió contra ella. Sin embargo, contra lo que había esperado Aníbal, Sagunto resistió.

**¿Por qué resistió Sagunto?**

Por varias razones. Era una ciudad próspera, amaba la independencia y confiaba en Roma con la que tenía suscrito un pacto de *devotio*.

**¿Qué pasó después de Sagunto?**

Con setenta mil infantes, doce mil jinetes y unas docenas de elefantes, Aníbal se dirigió hacia Roma. A esas alturas, hay que tenerlo en cuenta, la mayor parte de su ejército era hispano. Tras conquistar fulminantemente los territorios de lo que siglos después sería Cataluña, Aníbal entró en el valle del Ródano y cruzó los Alpes.

Durante los años siguientes derrotó a las legiones romanas en Tesino, Trebia, Trasimeno y Cannas y estuvo a punto de conquistar Roma, pero, al fin y a la postre, Cartago fue derrotada a en aquel enfrentamiento y fue Roma la potencia que marcó la Historia posterior de España.

**¿Qué significó el final de la presencia cartaginesa en España?**

La entrada en una órbita cultural diferente, la romana, nuestro destino quedó desvinculado del Oriente y del Norte de África donde se asentaba Cartago que se vio ligado a Roma, una civilización europea que había absorbido y heredado la grandiosa cultura griega. Pocos acontecimientos han tenido tanto peso sobre nuestra historia.

CAPÍTULO V

# Los inicios de la pax romana

*En el capítulo anterior nos referimos a las hazañas de Aníbal en España. Ahora nos detendremos en la reacción de Roma a la estrategia de Aníbal y los resultados que tuvo. Para ello resulta indispensable detenernos en uno de los militares más importantes de la Historia universal: Publio Cornelio Escipión.*

**¿Quién era Escipión?**

Era un miembro del clan de los Escipiones, una de las grandes familias de la república romana, pero, por encima de todo, era un genio militar que en nada resultó inferior a Aníbal.

**¿Cómo incluyó Escipión a España en la guerra contra Cartago?**

Por una extraordinaria visión estratégica. Hasta entonces, Roma había combatido infructuosamente a Aníbal que, tras cruzar los Alpes, había llevado la guerra a su propio suelo, pero Escipión comprendió que había que acabar con las fuentes de abastecimiento del cartaginés que se encontraban en España. Cuando se lograra alcanzar ese objetivo, Aníbal no tendría otra salida que la de retirarse a Cartago y entonces Roma podría proceder a la invasión de la potencia africana y decidir la guerra.

**¿Cómo llevó a cabo esa estrategia Escipión?**

Desembarcó en 209 a. de J.C. en Hispania y a partir de ese momento llevó a cabo una campaña fulgurante en la que dio muestras sobradas de su talento militar. Primero tomó Cartago Nova (Cartagena) en una operación anfibia extraordinaria. Luego, derrotó en Bailén a Asdrúbal y venció a los gaditanos en Ilipa (206 a. de J.C.). En pasos ulteriores, derrotó a los ilergetes de Indíbil y Mandonio, se apoderó de Ibiza y concluyó un *foedus*, es decir, un pacto con los pueblos sometidos.

De esa manera, Aníbal se vio obligado, carente de suministros, a abandonar la península italiana y dirigirse a Cartago. Allí Escipión se enfrentó con él y lo derrotó en el 202 a. de J.C., en la batalla de Zama. Lo cierto es, sin embargo, que esa victoria se había forjado previamente en España.

**¿Qué sucedió tras la victoria romana sobre Aníbal?**

En el 197 a. de J.C. Hispania se convirtió en provincia romana. Era el primer territorio en alcanzar esa condición después de Cerdeña y Sicilia. El territorio de Hispania —que era visto como una unidad— quedó dividido, por razones administrativas, en Hispania Citerior (la de este lado, al norte del Ebro) y Ulterior (la de más allá, al sur del río).

Por supuesto, el plan de Roma —como antaño el de

Cartago— era convertir Hispania en un territorio sobre el que asentar a la población foránea y al que explotar. De esa misión, se encargaría precisamente un pretor. Pero, justamente por esa perspectiva, no resulta sorprendente que, apenas obtenida la victoria sobre Cartago, Catón tuviera que enfrentarse con una sublevación de los hispanos. Logró sofocarla, pero se trataba del inicio de una prolongada resistencia, la más larga de todas con las que tendría que enfrentarse Roma durante su dilatada Historia.

CAPÍTULO VI

# La pax romana

*En el capítulo anterior repasamos cómo la victoria de Roma en la segunda guerra púnica (218-201 a. de J.C.) situó a Hispania en el camino de la romanización. En esta parte, vamos a detenernos en la manera en que Roma fue extendiendo su dominio sobre Hispania. Para ello resulta indispensable referirnos a Tiberio Sempronio Graco.*

## ¿Quién era Tiberio Sempronio Graco?

Fue uno de los personajes más relevantes de la Historia antigua de España. Desempeñó el cargo de pretor en 180 y 179 a. de J.C., y llevó a cabo un gobierno moderado y constructivo. A él podemos atribuir la explotación del valle medio del Ebro hasta el punto de que algunos autores lo consideran su verdadero descubridor.

Persona práctica, creía en los beneficios de la romanización y en la importancia no sólo de vencer sino, sobre todo, de edificar. Así, tras convertirse en el vencedor de carpetanos y celtíberos al pie del Moncayo, decidió retrasar su triunfo en Roma para dedicarse a construir. A él debemos, por ejemplo, la fundación de Graco (Graecchurris), la actual Alfaro. Se inauguraba así un período de la Historia de España conocido como la *Pax Sempronia*.

**¿Cuánto tiempo duró la *Pax Sempronia*?**

Se prolongó bastante en un mundo extraordinariamente belicoso como aquél, ya que se extendió del 179 al 154 a. de J.C.

Concluyó por culpa de la rapacidad de los romanos que olvidaron la política inteligente de Graco y se dejaron llevar por la avaricia y el expolio.

Por esa razón estalló una sublevación centrada en dos focos.

**¿Cuáles fueron esos focos de resistencia contra Roma?**

El primero fue Lusitania. Una zona de Hispania que ocupaba parte de Extremadura y Portugal. En el 154 a. de J.C. Lusitania se sublevó acaudillada por Púnico, al que sucedió Viriato en el 147 a. de J.C. Alabado como táctico por Apiano y Frontino, Viriato asestó distintas derrotas a los romanos demostrando que era un caudillo de primer orden. Quizá por eso sabía que no podía expulsar totalmente a los romanos de Hispania e intentó llegar a una paz con ellos. Sin embargo, los invasores no estaban dispuestos a consentirlo y sobornaron a tres de sus lugartenientes —Audas, Ditalcón y Minuros— para que lo asesinaran. Así sucedió en el 139 a. de J.C., pero los traidores no recibieron su recompensa. Por el contrario, el pretor romano les informó de que «Roma no pagaba traidores».

El segundo foco de resistencia fue la zona del Duero, centrándose de manera muy especial en la ciudad de Numancia. Su resistencia fue durísima —por algo deriva de ahí el adjetivo *numantino*— hasta el punto de que un general romano tras otro fracasaron ante sus murallas.

**¿Cómo fue aquella guerra?**

En el 153 a. de J.C., los habitantes de Segeda fueron derrotados por los romanos y buscaron refugio en Numancia. En la primera batalla contra la ciudad, los elefantes que llevaban los romanos a las órdenes de Fulvio Nobilior se asustaron y se volvieron contra ellos, lo que provocó su derrota. En el 152 a. de J.C. tuvo lugar el primer asedio de Numancia, que concluyó con un acuerdo con Roma que no respetó el Senado. Se iniciaba así un largo período de hostilidades que se prolongó durante dieciocho años. Finalmente, en el 134 a. de J.C., se hizo cargo de las fuerzas romanas Publio Cornelio Escipión Emiliano, apodado «el Africano».

Escipión restableció la disciplina y concibió el plan de someter a un asedio a los numantinos que les obligara a rendirse para lo que, previamente, acabó con sus fuentes de suministros.

Finalmente, tras quince meses de asedio, la ciudad cayó, vencida por el hambre, en el verano del año 133 a. de J.C. Sus habitantes prefirieron incendiar Numancia y arrojarse a las llamas antes que verse reducidos a la condición de esclavos de Roma. Escipión —que asumió el sobrenombre de Numantino— regresó a Roma y allí celebró su triunfo desfilando por las calles con cincuenta numantinos capturados.

**¿Por qué fracasaron los focos de resistencia en Hispania?**

Fundamentalmente, por dos razones. La primera fue la desunión, ya que unidos los hispanos hubieran resultado invencibles. Buena prueba de ello es que Roma se vio incapaz de sofocar, a la vez, la resistencia de Lusitania y Numancia. La segunda causa de la derrota fue la traición. En un momento determinado, hubo hispanos que prefirieron entregarse al servicio de Roma que resistir la invasión.

A partir de la caída de Numancia, la resistencia sería esporádica —aunque se prolongaría nada más y nada menos que hasta los inicios del imperio— e Hispania se vería convertida en uno de los escenarios donde se decidirían el destino de Roma y el de la Historia universal.

CAPÍTULO VII

# Hispania en la época de las guerras civiles (I): el desarrollo de la romanización

*En el capítulo anterior nos referimos a los inicios de la romanización y cómo provocó resistencias en Hispania en torno a los focos lusitano (Viriato) y celtíbero (Numancia). El resultado de aquellos enfrentamientos fue una integración total de Hispania en la Historia romana y, a través de ella, en la universal. Se trataba de una circunstancia que quedaría especialmente de manifiesto durante las guerras civiles que se tradujeron en el final de la república romana y la proclamación del imperio.*

## ¿Por qué sufrió Roma una sucesión de guerras civiles?

Obedeció a una profunda crisis política que duró más de un siglo. De hecho, desde la muerte de Tiberio Sempronio Graco —el 134 a. de J.C., el mismo año de la caída de Numancia— se produjo un deterioro de la república, desgarrada por la lucha entre el partido de los populares —partidario de valerse del apoyo de la plebe— y el de los patricios, defensor de los privilegios de las familias romanas más antiguas.

La primera guerra civil que se proyectó sobre Hispania enfrentó a Mario con Sila (88-82 a. de J.C.) y la segunda, a Julio César con Pompeyo (49-45 a. de J.C.) concluyendo con ella la república.

**¿Por qué tenía importancia Hispania en el curso de las guerras civiles de Roma?**

Las razones eran varias. En primer lugar, desde hacía siglos Hispania era una excelente cantera de extraordinarios soldados. Además, tenía una importancia estratégica de primer orden y, sobre todo, permitía la posibilidad de prolongar la resistencia frente a un adversario que fuera, temporalmente, vencedor. Cumplía así un papel semejante al que Churchill hubiera otorgado a Canadá si Hitler hubiera llegado a invadir Gran Bretaña.

**¿Qué papel tuvo Hispania en la primera gran guerra civil romana?**

Hispania se convirtió en una base de operaciones de los populares desde el momento en que Sertorio decidió valerse de su territorio para enfrentarse con el patricio Sila. La figura de Sertorio fue verdaderamente excepcional. En el 83 a. de J.C., Sertorio era pretor de la Hispania Citerior, lo que aprovechó para alzarse contra Sila. Durante los años siguientes, Sertorio pasó por Ibiza, descubrió las Canarias, tomó Tánger y en el 79 a. de J.C. se enfrentó con éxito con Cecilio Metelo Pío.

Pero no se trataba sólo de gestas militares. En realidad, Sertorio aspiraba a crear una nueva Roma en territorio hispano, una Roma asentada sobre bases más justas que permitiera además que los bárbaros absorbieran pacíficamente los beneficios de su cultura. Durante los años 77 y 76 a. de J.C., Sertorio procedió, por lo tanto, a crear un estado romano con hispanos. Estableció así un senado y, lo que es más importante, la primera universidad española, la establecida en Osca (Huesca).

La leyenda afirmaría que la clave de su éxito se encontraba en la superstición de los hispanos que creían en que Sertorio recibía mensajes de los dioses por medio de una cervatilla que le hablaba al oído. Personalmente, me inclino más por la idea de que el romano supo convencerlos de los beneficios de la cultura y civilización romanas.

**¿Y por qué fracasó Sertorio?**

Posiblemente porque no fue demasiado escrupuloso a la hora de escoger a sus aliados. En el año 74 a. de J.C. se alió con Mitrídates, rey del Ponto y enemigo encarnizado de Roma, para alcanzar sus objetivos. Ese paso fue interpretado por muchos como una traición y provocó numerosas deserciones. En el 73 a. de J.C. Sertorio se retiró a Osca. Temía que la derrota le sobreviniera y cayó en un comportamiento paranoico. Fue finalmente asesinado por Perpenna que, como traidor, no fue pagado por Roma. El destino del bando de los populares había quedado sellado.

**¿Cuál fue la reacción de los hispanos ante la primera guerra civil?**

Como hemos visto, primero, apoyaron a Sertorio, pero, tras su muerte, acabaron inclinándose por el bando patricio encarnado en Pompeyo. Fue en el año 71 a. de J.C., fundó Pamplona, una ciudad que inmortaliza su nombre.

**¿Cómo fue la segunda guerra civil en suelo hispano?** Vamos a hablar de Julio César en el próximo capítulo, pero podemos adelantar que en Hispania se decidió la segunda guerra civil.

Durante los años inmediatamente anteriores, Roma había estado gobernada por un triunvirato formado por Craso, Pompeyo y César (60 a. de J.C.). Cuando tuvo lugar la muerte de Craso (53 a. de J.C.) combatiendo contra los partos, sólo quedaron dos hombres disputándose el poder personal sobre Roma. Pompeyo contaba con el respaldo de las viejas oligarquías republicanas, pero César se apoyaba en el partido de los populares y encarnaba la esperanza en un cambio social. Para neutralizarlo, el senado ordenó que desbandara a sus legiones y entrara desarmado en Roma. Consciente de que dar ese paso significaría su final, a inicios del año 49 a. de J.C., César cruzó el Rubicón, un riachuelo que separaba el territorio de la Galia de Roma. Así comenzó la segunda guerra civil.

Pompeyo decidió entonces dirigirse hacia Europa oriental intentando aumentar sus fuerzas. La respuesta de César recuerda el plan que siglo y medio antes había llevado a cabo Escipión contra Aníbal. Primero, había que controlar Hispania y luego, desprovisto su enemigo de esa base, se enfrentaría con él para asestarle el golpe definitivo. Así, en julio del citado año 49 a. de J.C., tuvo lugar la primera batalla del Ebro cuando César derrotó a los pompeyanos en Ilerda (Lérida), y concedió la ciudadanía romana a Cádiz, la primera ciudad hispana en alcanzar ese privilegio.

En el año 45 a. de J.C., César derrotó en Munda (Montilla), a los últimos pompeyanos. La suerte de la república quedaba así zanjada en España.

CAPÍTULO VIII

# Hispania en la época de las guerras civiles (II): Julio César en Hispania

*En el capítulo anterior nos referimos a la repercusión decisiva que tuvieron las guerras civiles de Roma en Hispania. Señalamos entonces que regresaríamos a la figura de Julio César y lo que significó para esa época. Ha llegado el momento de hacerlo.*

**Casi todo el mundo relaciona a Julio César con las Galias, pero ya vimos en el capítulo anterior algo sobre su relación con Hispania. ¿Cuándo comenzó?**

A decir verdad, se trató de su primer cargo importante, el de cuestor en la Hispania ulterior en el 69 a. de J.C. De esa época debemos recordar dos hechos. El primero es que lloró en Cádiz ante el monumento erigido en honor de Alejandro al pensar que a su edad el macedonio había conquistado un imperio mientras que él (n. 100 a. de J.C.) no había realizado nada relevante. El segundo es que, gracias a su cargo, en Hispania, consiguió el dinero para entrar en la gran política de Roma. Poca gente lo sabe, pero la carrera fulgurante de César comenzó a cimentarse en Hispania, a la que volvería.

**¿Por qué volvió Julio César a Hispania?**

Como ya indicamos, se debió a su deseo de controlar la península Ibérica y privar de ella a Pompeyo. En el 49 a. de J.C. obtuvo en Hispania la victoria de Ilerda (Lérida). Prueba de la importancia de su enfoque estratégico es que, al año siguiente, derrotó a Pompeyo en Farsalia. Se trató de una victoria extraordinaria en la que César perdió 230 hombres frente a los 15000 muertos de Pompeyo y sus 24000 prisioneros. A esas alturas, César ya había incorporado a hispanos a sus legiones. De manera bien significativa, la última gran victoria sobre los partidarios de Pompeyo la obtendría César nuevamente en España. Se trató de la conseguida en la batalla de Munda (Córdoba) en el 45 a. de J.C., justo el año antes de su asesinato.

**¿Cuáles fueron las consecuencias de la victoria de Julio César para Hispania?**

Se puede decir que la victoria de César abrió el camino a la romanización total y definitiva de Hispania.

César implantó en la Ruta de la Plata colonias permanentes; convirtió a Tarragona y Cartagena en ciudades romanas —recordemos que en el 49 a. de J.C. había hecho lo mismo con Cádiz—, y de manera especialmente reveladora, permitió la entrada en el senado de tres hispanos: Lucio Cornelio Balbo, Lucio Decidio Saxa y Ticio. Eran los primeros no romanos que pasaban a formar parte de esta institución.

CAPÍTULO IX

# Termina la conquista de Hispania (I)

*Cuando tuvo lugar el asesinato de César, en el 44 a. de J.C., Hispania estaba a punto de ser conquistada completamente por Roma. La consumación de esa labor, que se había extendido a lo largo de dos siglos, la llevó a cabo su sobrino y heredero Octavio Augusto. A ese último episodio de la conquista y a algunos aspectos fundamentales del legado romano vamos a dedicar este capítulo.*

**¿Cuándo terminó la conquista de Hispania por los romanos?**

El último episodio de la conquista de Hispania se desarrolló de los años 29 al 18 a. de J.C. Sólo quedaban por someter los cántabros y astures y el aplastamiento de su resistencia exigió la presencia personal de Augusto, el fundador de Caesar Augusta, la actual Zaragoza, en el 14 a. de J.C. Resulta significativa la duración de aquella conquista. Desde el 218 al 18 a. de J.C., habían pasado doscientos años.

**Si lo comparamos con otras conquistas realizadas por Roma, ¿la de España fue un proceso muy prolongado, breve, normal?**

Extraordinariamente prolongado. Basta tener en cuenta que César había necesitado sólo diez años para conquistar las Galias que excedían territorialmente a la actual Francia. No cabe duda de que la resistencia hispana resultó comparativamente mucho más encarnizada.

**¿Qué le debemos a Roma?**

Muchísimo. No podemos llegar a otra conclusión si observamos que el dominio romano se prolongó a lo largo de seis siglos —cuatro de ellos durante la Era cristiana— y que fue la influencia cultural más profunda experimentada por España, tanto que llegó a fundirse con ella.

No se trata únicamente de las grandes obras públicas —acueductos, calzadas, puentes, teatros, etcétera— sino que Roma nos dejó la lengua latina de la que derivan todas las lenguas peninsulares, con la excepción del vascuence que hunde sus raíces en la Prehistoria; nos dejó la unidad de España; nos dejó instituciones como el municipio; nos dejó la existencia de la educación superior; nos dejó la urbanización —de hecho, tanto la casa andaluza como los baños y los jardines llegaron con Roma—; nos dejó el sistema de comunicaciones y las demarcaciones regionales; nos dejó las mejoras en la explotación minera y la agricultura, y, de manera muy especial, nos dejó el Derecho, del que procede en no escasa medida nuestro ordenamiento jurídico, especialmente en áreas como el derecho civil.

A pesar de tratarse de un pueblo recientemente sometido, los hispanos se adaptaron magníficamente a la nueva situación. Es más, demostraron que podían integrarse a la perfección en ella. Por ejemplo, en apenas unas décadas eran hispanos los que enseñaban latín a los romanos como fue el caso de Quintiliano.

En el curso de los siglos siguientes, España dio a Roma filósofos como Séneca, escritores como Marcial y Prudencio y, de manera muy especial, emperadores como Trajano, Adriano, Marco Aurelio y Teodosio.

CAPÍTULO X

# El Cristianismo llega a Hispania

*En los capítulos anteriores nos hemos acercado a la primera gran influencia cultural de nuestra Historia: la romana. Ahora tenemos que señalar otra que fue paralela en buena medida a la procedente de Roma y que marcaría decisivamente la Historia española. Nos referimos, claro está, al cristianismo.*

## ¿Cuándo llegó el cristianismo a Hispania?

Para responder esta pregunta tenemos que diferenciar de manera tajante entre la leyenda y la Historia. La leyenda habla de los varones apostólicos enviados a España por los primeros discípulos de Jesús; o de Santiago, al que se habría aparecido María. La verdad es que todas estas tradiciones son muy tardías y lo más seguro es que carezcan de base histórica. Por ejemplo, en el caso de los varones apostólicos nos encontramos ante una tradición que es del siglo X, y en el caso de Santiago, la primera referencia es del siglo VII y aparece contenida en el *Breviarium Apostolorum*. Resulta obvio que no es fácil admitir como históricos datos que se mencionan por primera vez no menos de medio milenio después de cuando supuestamente sucedieron.

**¿Pero contamos con datos históricos sobre la llegada del cristianismo?**

Yo creo que pisamos un terreno mucho más firme al referirnos a Pablo de Tarso. En su carta a los Romanos, escrita en el 57 d. de J.C., comenta cómo pensaba venir a Hispania. Entre el 60 y el 62 estuvo en Roma, pero en ese último año quedó libre y marchó a Hispania. Al respecto, abundan los testimonios antiguos. De la presencia de Pablo en España encontramos referencias en la *Carta a Draconcio* de Atanasio, en la *Catequesis* de Cirilo de Jerusalén, en el *Comentario a Hebreos* de Juan Crisóstomo, en Epifanio y en el *Comentario a II Timoteo* de Teodoreto de Ciro.

Ya con posterioridad está atestiguado que el cristianismo en Hispania recibió una fuerte influencia del asentado en África.

**¿Por dónde se extendió inicialmente el cristianismo en Hispania?**

Muy posiblemente, el primer punto de Hispania que escuchó el Evangelio fue la actual Tarragona, el puerto donde tocó tierra Pablo de Tarso. Es también más que posible que los primeros en oír las Buenas Nuevas, siguiendo la estrategia del apóstol, fueran las comunidades judías.

Durante los siglos siguientes el cristianismo se expandió por toda Hispania contribuyendo mucho a la romanización en zonas aisladas. La única excepción a ese esfuerzo civilizador fue una parte del territorio de los vascones.

**¿Cómo era ese cristianismo primitivo?**

Desde luego, era conocido en otras partes del mundo. Ireneo lo menciona en el siglo II y Tertuliano en el siglo III. Para aquella época, ya estaba extendido por toda Hispania.

Aparte de eso, era muy sencillo y apegado al espíritu del Nuevo Testamento. Esto explica su resistencia frente a las persecuciones imperiales, que fueron verdaderamente feroces. En la del siglo III con Diocleciano fueron aniquilados casi todos sus documentos.

**¿Por qué fueron perseguidos los cristianos?**

Inicialmente, los cristianos no fueron perseguidos porque Roma los consideraba tan sólo un grupo más de judíos igual que los saduceos o los fariseos. Esa situación no duró mucho tiempo, ya que las autoridades judías comenzaron a considerar a los cristianos de manera negativa al pensar que predicaban a un mesías —Jesús— que no era verdadero y solicitaron ocasionalmente de las autoridades romanas que los castigaran. Si esa situación no se produjo de manera generalizada se debió a un magistrado romano llamado Galión que, por cierto, era de origen hispano. Por lo que nos han transmitido las fuentes, sabemos que Galión, procónsul de Acaya, se negó a castigar a los cristianos por una razón religiosa (Hechos 18, 12).

Por supuesto, en los años siguientes se produjeron agresiones puntuales azuzadas por algunos adversarios judíos —hubo judíos, por el contrario, que aceptaron a

Jesús como el mesías prometido— y la plebe a la que molestaba aquella nueva fe. Sin embargo, no se produjo una persecución a gran escala hasta el emperador Nerón. En ese caso concreto, la razón fue muy similar a la que impulsaría a gobernantes posteriores a desencadenar pogromos contra los judíos. Los cristianos eran un chivo expiatorio ideal para distraer al populacho y como tales los utilizó Nerón cuando se produjo el incendio de Roma.

Las persecuciones posteriores se produjeron por razones como la negativa a rendir culto al emperador y a los dioses paganos (Trajano o Marco Aurelio) o el deseo de borrar a los cristianos de la vida pública hasta llegar a su exterminio (Diocleciano).

CAPÍTULO XI

# Termina la conquista de Hispania (II)

*En capítulos anteriores hemos ido viendo cómo Hispania no sólo se asimiló a la cultura romana, sino que además le fue proporcionando políticos y sabios. A continuación nos detendremos en algunos de los emperadores romanos de origen hispano.*

**¿Quién fue el primer emperador de origen hispano?**

El primer emperador hispano fue Marco Ulpio Trajano. Nació en Itálica (Sevilla), en el año 53 d. de J.C. y falleció, en Selinonte, en 117.

**¿Fue Trajano un emperador importante?**

Sin ningún género de duda. Marco Ulpio Trajano fue uno de los grandes —y buenos— emperadores, y con él alcanzó el Imperio romano su máxima expansión territorial. Sin embargo, lo que llama especialmente la atención es que con él se reprodujo el fenómeno de la llegada de los hispanos a la cima de Roma. Si con el hispano Balbo, en la época de Julio César, por primera vez un hombre no nacido en Roma entró en el senado, con

Trajano, por primera vez también, un ciudadano romano de origen provincial accedió al trono imperial.

Antes de llegar a ese punto, Trajano había destacado en la carrera militar en Germania y Oriente, recibiendo el nombramiento de cónsul en el año 91. En el año 98, el emperador Nerva lo adoptó —un mecanismo utilizado por los emperadores de la época para asegurar una sucesión en razón del mérito y no de la sangre— y lo nombró césar, asociándole a las tareas de gobierno.

***Nerva* es el pasodoble favorito de la Maestranza sevillana y Nervión se llama al estadio del Sevilla Fútbol Club.**

Curioso. Al final, la influencia histórica aparece donde menos se espera, pero, volviendo a nuestro relato, tengo que decirte que, cuando se produjo el fallecimiento de Nerva, Trajano se encontraba en la frontera del Rin, donde aún se mantuvo un año y medio para consolidar la seguridad del Imperio. Finalmente, en el verano del año 99 entró en Roma.

En primer lugar, Trajano adoptó una serie de medidas para controlar el senado. Por un lado, introdujo nuevos senadores procedentes de las provincias orientales que le eran fieles; por otro, encomendó algunas de sus funciones a burócratas que dependían de él. Finalmente, obligó a los senadores a comprar tierras en Italia como una forma de inyectar dinero en la agricultura.

Gran impulsor de las obras públicas encaminadas al desplazamiento de tropas y al comercio, mantuvo una política exterior enfocada hacia nuevas conquistas como forma de controlar posibles agresiones de los bárbaros.

En el año 106, tras un lustro de combates, logró ocupar Dacia, la actual Rumanía, que se convirtió en provincia romana. La campaña se encuentra relatada en los relieves de la columna Trajana, pero lo más importante es que Roma conseguía de esa manera un acceso al mar Negro.

En Oriente, Trajano conquistó el reino nabateo de Arabia noroccidental, convirtió Armenia en provincia y procedió a invadir Mesopotamia. Trajano soñaba con derrotar a los partos —uno de los enemigos seculares de Roma— e incluso llegar a la India como Alejandro. Sin embargo, los planes de Trajano se vinieron abajo al estallar una sublevación contra Roma que se extendió por Mesopotamia, Palestina, Chipre, Egipto y Cirenaica. Trajano se vio obligado a cambiar sus planes y sofocar las rebeliones. Lo hizo con éxito salvo en el caso de Palestina.

Presa de un ataque que le dejó medio paralítico, Trajano murió en Cilicia cuando lo trasladaban a Roma. Había sido un gran emperador e incluso cuando sus acciones no fueron las más adecuadas, por ejemplo, al desencadenar una nueva persecución contra los cristianos, resultó mucho más moderado que otros que lo precedieron.

**¿Quién fue el segundo emperador hispano?**

Adriano, que nació en la hispánica Itálica en el año 76 d. de J.C. y falleció en Baia en el 138. Adriano se benefició también de la institución romana de la adopción que, en este caso, tuvo como adoptante al emperador Trajano. Adriano lo sucedió a su muerte con el nombre de César Trajano Adriano Augusto.

Consciente de que no podía mantenerse la política de expansión de su predecesor, Adriano redujo las fronteras y abandonó Asiria, Mesopotamia y Armenia. Esta medida provocó una conspiración entre los militares, pero Adriano la descubrió y castigó a los partícipes de tal manera que su poder se vio fortalecido y le permitió emprender su programa de gobierno. Para que éste fuera lo más adecuado posible, procedió a viajar por el imperio para conocer las necesidades de sus súbditos y para que pudieran asesorarlo en posibles soluciones.

Galia, Britannia —donde levantó un muro de 117 km que iría siempre ligado a su nombre—, Germania, África y Siria fueron visitadas por Adriano hasta que el año 134 regresó definitivamente a Roma.

El gobierno de Adriano se caracterizó por la paz y el crecimiento económico, siendo la excepción a esa regla una sublevación provocada en Judea por un falso mesías llamado Bar Kojba. La guerra —que duró del 131 al 134— se tradujo en medidas contra los judíos y se destruyeron los lugares sagrados judíos y judeocristianos, y en la conversión de la ciudad de Jerusalén en una urbe pagana que recibió el nombre de Aelia Capitolina.

Gran reformador, Adriano despojó de sus poderes al senado para entregárselos al consejo imperial que se convirtió en una especie de gobierno ministerial que dependía directamente del emperador.

También destacó Adriano como un gran impulsor de obras públicas. Así erigió un extraordinario mausoleo que luego serviría de base al castillo de Sant'Angelo; y construyó la Villa Adriana en las cercanías de Tívoli.

Adriano había adoptado como sucesor a Lucio Cejonio Cómodo Vero, pero, al fallecer éste, designó sucesor a Antonino Pío, quien después sería un gran emperador.

CAPÍTULO XII

# España da emperadores a Roma: Teodosio

*En las páginas anteriores hemos ido viendo cómo Hispania dio a Roma emperadores como Trajano o Adriano. Por increíble que pueda parecer, se trataba únicamente del principio. Hispania iba a convertirse en columna vertebral de una nueva Roma, la cristiana, y lo hizo, entre otras formas, a través de una dinastía imperial.*

**¿Qué había pasado en Roma tras la época de los grandes emperadores?**

En el siglo III se produjo la denominada Crisis que lograría ser conjurada por Diocleciano. En paralelo, tuvo lugar un notable crecimiento del cristianismo, que fue perseguido con ferocidad, aunque de manera intermitente, hasta inicios del siglo IV.

**¿Cómo consiguió el cristianismo la tolerancia definitiva?**

Gracias al emperador Constantino que no lo convirtió en religión oficial —como se afirma erróneamente tantas veces— pero sí lo trató con suma deferencia.

En su deseo de ayudar al cristianismo —en el que veía un pilar esencial de la paz y el desarrollo del imperio— Constantino llegó hasta el punto de convocar el concilio de Nicea para solventar la controversia cristológica provocada por la herejía de Arrio. Lo cierto es que tras casi tres siglos de persecución, el cristianismo no sólo había sobrevivido, sino que era mucho más fuerte.

**¿En qué medida afectó ese triunfo del cristianismo a Roma?**

Enormemente, sobre todo a partir del año 395 en que Teodosio, un hispano de Cauca (Coca, Segovia), se convirtió en emperador. Su nombre se iba a convertir en paradigma de una generación de romanos dedicada a asegurar la contención de los bárbaros y a llevar a cabo la cristianización del imperio. En no escasa medida, se puede decir que acometieron la ingente tarea de construir una nueva Roma.

**¿Qué papel tuvieron los hispanos en esa nueva Roma?**

Verdaderamente, fue un papel extraordinario. No sólo lograron salvar a Roma, sino que, además, consiguieron dotarla de un nuevo contenido cultural e, incluso, legal en el que las asperezas de la herencia clásica se vieron dulcificadas por los aportes humanitarios del cristianismo.

**¿De dónde procedían esos hispanos que tuvieron tanta influencia en la Historia de Roma?**

Ya casi de todas partes de Hispania. Teodosio era de

la meseta como Egeria o Hidacio; Osio era obispo de Córdoba; Prudencio era de la Tarraconense.

**¿Qué aportaron a Roma?**

Sin temor a exagerar, se podría afirmar que una nueva cosmovisión que le permitió sobrevivir como imperio sin desaparecer, como había sucedido con otras grandes construcciones políticas de la Historia. Los cristianos hispanorromanos tenían una visión providencialista de la Historia que se tradujo, entre otras cosas, en una nueva literatura y en una nueva legislación más humana y justa. De hecho, si el imperio sobrevivió una generación más se debió fundamentalmente a ellos.

**La figura de Prisciliano es una de las más sugestivas —y manipuladas— de la Historia antigua de España, pero ¿quién era Prisciliano?**

Era español, gallego por más señas. Obispo de Ávila, se sintió disgustado por la relajación que observó en ciertos estamentos eclesiales y optó por una práctica que podríamos calificar de rigorista.

**¿Fue Prisciliano un hereje?**

Como tal fue condenado en el concilio de Zaragoza del año 380, pero el papa san Dámaso no respaldó la condena e incluso se negó a recibir a los enemigos de Prisciliano que fueron los verdaderos impulsores de aquella decisión. De hecho, para lograrlo hubo que recurrir al soborno.

**¿Por qué fue perseguido entonces?**

Es más que posible que a causa de una pasión tan repugnante y tan humana como la envidia. Prisciliano no sólo tenía fama de ser un buen cristiano, sino que además era muy popular y gozaba de una notable influencia en sectores como las mujeres.

**¿Cuál fue el destino final de Prisciliano?**

El usurpador Máximo —que triunfó en las Galias— lo llamó a Tréveris. Prisciliano acudió y allí el sínodo de obispos de Aquitania y fue condenado a muerte. Su ejecución tuvo lugar en el año 385.

**¿Qué consecuencias tuvo la ejecución de Prisciliano?**

Verdaderamente nefastas. Hasta entonces los herejes podían haber sido objeto de sanciones canónicas, pero éstas discurrían en el ámbito de lo espiritual. Con la ejecución de Prisciliano se sentó un precedente para proceder a la ejecución de herejes.

CAPÍTULO XIII

# El reino visigodo (I): los primeros años

*En el capítulo anterior hicimos alusión a los bárbaros y a su llegada hasta las fronteras del Imperio romano. Hoy vamos a referirnos al pueblo bárbaro que dejó una impronta mayor en la Historia de España: los visigodos.*

**¿Quiénes eran los visigodos?**

Era un pueblo germánico de la familia goda a la que pertenecían también los ostrogodos y los hérulos. (La otra familia germánica eran los teutones, a los que pertenecían francos, sajones y anglos.) Aunque originalmente paganos, habían sido cristianizados por Ulfilas. Sin embargo, el suyo era un cristianismo arriano, es decir, que sostenían que el Hijo no era Dios sino un dios creado. El cristianismo había dulcificado en cierta manera sus costumbres, pero, a la vez, al ser arriano implicaba diferencias con los romanos y dificultaba una posible integración en el Imperio.

**¿Cómo entraron en el Imperio romano?**

Empujados por la presión desencadenada por los hunos, los godos llegaron en el año 376 a las puertas del

Imperio romano pidiendo protección y tierras en las que asentarse. Gracias a una decisión muy discutida, Roma les permitió franquear sus fronteras y establecerse en el interior del imperio en calidad de federados.

**¿Cuándo entraron en España?**

En el 414, dirigidos por Ataúlfo, penetraron en España por lo que ahora es Cataluña. Su misión era contener a otros pueblos germánicos —suevos, vándalos y alanos— que ya habían cruzado las fronteras del imperio y habían entrado en España.

**¿Eran los visigodos ya un reino independiente?**

No. Se trataba de un reino federado, es decir, aliado de Roma. Por ejemplo, Teodoredo combatió en el año 451 al lado del emperador romano en contra del rey huno Atila.

Además se trataba de una monarquía muy inestable. Baste decir que tanto Ataúlfo —casado con Gala Placidia, la hermana del emperador Honorio— como su sucesor Sigerico fueron asesinados.

**¿Cuáles eran las causas de la inestabilidad de la monarquía visigoda?**

Fundamentalmente, dos. La primera es que la monarquía era electiva y, por lo tanto, la sucesión —que muchas veces se adelantaba recurriendo al asesinato— solía provocar unas disensiones continuas. La segunda era que existía una pugna en ocasiones muy tensa entre el elemento romano y el germánico.

**¿Cómo se convirtieron los visigodos en un reino independiente?**

Como sucedió con otros reinos bárbaros, los visigodos se convirtieron en un reino independiente cuando en 476 se produjo la desaparición del Imperio romano al ser depuesto el último emperador Rómulo Augustulo por Odoacro, rey de los hérulos.

**Una de las cuestiones que más tinta han hecho correr a lo largo de la Historia es la de la caída del Imperio romano de Occidente. Ya hemos visto que cayó en el año 476 con la deposición de Rómulo Augustulo, pero ¿por qué cayó el Imperio romano?**

Históricamente se han articulado diversas teorías para responder a esa pregunta. Hay quien se ha referido a su debilidad interna y tampoco han faltado los que han insistido en que el cristianismo corroyó las bases sobre las que se asentaba. La realidad es que el Imperio romano no cayó sino que, como en su día señaló Piganiol, lo asesinaron. Al fin y a la postre, no pudo resistir el empuje continuado de las inmigraciones bárbaras que se extendieron por espacio de un siglo. Por lo que se refiere al cristianismo, hay que señalar que no fue la causa de su caída, sino más bien la de que el desplome no fuera total.

**¿Se pudo evitar la caída del Imperio romano?**

Sí. Pero si, al final, se produjo esa conclusión se debió en no escasa medida a la falta de virtudes cívicas. Desde luego, resulta bien significativo que los bárbaros fueran los que formaban el ejército.

**¿Cómo vivió la gente la caída del Imperio romano?**

Pues no resulta muy claro que se enteraran de que había sucedido. No se trataba sólo de que las comunicaciones hacían que una noticia tardara mucho en transmitirse, sino de que el imperio seguía vivo y pujante en su parte oriental. Además los bárbaros siguieron manteniendo la herencia romana con la que habían convivido durante un siglo y a la que consideraban propia. Por lo que se refiere al cristianismo, fue el vínculo de unión entre la Antigüedad clásica y el nuevo mundo. Por raro que pueda parecer, la sensación de que el imperio había desaparecido de manera definitiva tardó en producirse.

CAPÍTULO XIV

# El reino visigodo (II): los primeros reyes

*En el capítulo anterior estuvimos hablando de los visigodos y de sus primeros años en España. Vamos a detenernos ahora en la trayectoria de sus primeros reyes.*

**¿Qué caracterizó a los primeros reyes visigodos?**

Fundamentalmente, la tensión entre su situación de conquistadores, su deseo de conservar la herencia de Roma y la necesidad de encajar con una población de hispanorromanos dominados.

**¿Cuáles fueron los reyes más importantes?**

Por supuesto, Eurico, que fue el primer rey visigodo, más que Ataúlfo. Fue el autor de un código legal que tendría gran relevancia histórica y que establecía la división entre conquistados hispanorromanos y conquistadores godos.

De notable importancia fue también Alarico II que, tras ser vencido en la Galia, se vio obligado a trasladar la capital de su reino a Toledo. En esos momentos nos hallamos ya plenamente con un reino español cuya capital se halla en la misma España.

También importantes fueron Atanagildo —que llamó en su ayuda a los bizantinos a los que entregó tierras entre el Júcar y el Guadalquivir— y, sobre todo, Leovigildo que fue ya un rey plenamente español.

Para lograr la unidad política, Leovigildo liquidó los restos del poder de los suevos, restó peso a los bizantinos y sometió a los vascones. Menos afortunado fue con su objetivo de lograr la unidad religiosa. Leovigildo no sólo no consiguió arrastrar a los hispanorromanos al arrianismo, sino que incluso su hijo y heredero Hermenegildo aceptó la fe trinitaria. La respuesta de Leovigildo fue detenerlo y decapitarlo. Sin embargo, acabó comprendiendo que el arrianismo no lograría imponerse. Es muy posible que al morir, Leovigildo recomendara a su hijo y sucesor Recaredo la conversión al catolicismo.

CAPÍTULO XV

# El reino visigodo (III): los primeros reyes católicos

*En el capítulo anterior vimos que los primeros reyes visigodos fueron arrianos. Con Leovigildo, resultó obvio que no iba a ser fácil imponer el arrianismo sobre la religión de la mayoría de la población. Muy posiblemente, el mismo Leovigildo recomendó a su hijo Recaredo la conversión al catolicismo. En este capítulo vamos a detenernos en la conversión al catolicismo de los reyes visigodos y en las consecuencias que semejante hecho tuvo.*

**¿Por qué se produjo la conversión de Recaredo al catolicismo?**

Sin duda, hubo varias causas. Una fue la más que posible recomendación de Leovigildo en ese sentido. Sin embargo, a eso hay que añadir la considerable superioridad de la cultura católica y la identificación con la población hispanorromana. Ese paso se selló formalmente en el curso del III concilio de Toledo del año 589.

**¿Qué consecuencias tuvo esa conversión?**

Bastantes y además relevantes. De entrada, se llegaba a una situación de unidad espiritual cuya única nota discordante eran los judíos. Aún más importante era la forja de una unidad y una legalidad nacionales de carácter español. Si, por un lado, se produjo la desaparición de las barreras raciales; por otro, Sisebuto y Suintila expulsaron a los bizantinos; y Chindasvinto y Recesvinto promulgaron el *Fuero juzgo* o *Liber iudicum* en el que se sentaron las bases de una legislación española unida.

Partiendo de esas bases políticas, sociales y espirituales, no sorprende que en la España visigoda se produjera el primer renacimiento cultural posterior a la caída del Imperio romano. Fruto de esa pujanza fueron figuras tan notables como las del historiador Paulo Orosio, Leandro, Braulio o Julián.

De todos estos personajes el más importante, sin ningún género de dudas, fue Isidoro de Sevilla. Nacido en Cartagena en 560 y muerto en 636, Isidoro era hijo de Severiano y Teodora, y tuvo como hermanos a los santos Leandro, Fulgencio y Florentina. Isidoro fue el primer introductor de Aristóteles en Occidente siglos antes de Averroes o de santo Tomás, y también el primer europeo que redactó una *summa* del saber. A él le debemos una *Historia de los reyes godos, vándalos y suevos,* pero, sobre todo, las *Etimologías*, que fue la primera enciclopedia de la Historia, muy anterior a la francesa del siglo XVIII. En las *Etimologías*, Isidoro incluyó esta clara y conmovedora referencia a España como nación:

> ¡Oh, España! La más hermosa de todas las naciones que se extienden desde Occidente hasta la India. Tierra

> bendita y feliz, madre de muchos pueblos... De ti reciben la luz el Oriente y el Occidente. Tú, honra y prez de todo el orbe; tú, el país más ilustre del globo... No hay en el mundo región mejor situada. Ni te abrasa el estío ni te hiela el rigor del invierno sino que, circundada por un clima templado, te nutren céfiros blandos. Cuanto hay de fecundo en los ejidos, de precioso en las minas y de provechoso en los animales, tú lo produces... Rica, por lo tanto, en hijos, joyas y púrpuras, fecunda también en gobernantes y en hombres que poseen el don de mandar, te muestras tan fecunda en adornar príncipes como feliz en producirlos. Con razón, ya hace mucho tiempo, te deseó la dorada Roma, cabeza de gentes, y, aunque, vencedor, aquel empuje romano te desposara primero, luego, el muy floreciente pueblo de los godos, tras haber conseguido numerosas victorias, a su vez te tomó y te amó...

Difícilmente hubiera podido expresar nadie mejor el sentimiento de orgullo nacional que vivían los hispanos. Mezcla de la herencia romana, la cristiana y la germánica, ellos consideraban ahora a España una nación especialmente dichosa.

Este renacimiento cultural no se limitó a la teología, la poesía o la Historia, sino que tuvo su repercusión también en las artes plásticas, como la arquitectura —iglesias de San Juan de Baños en Palencia, Santa Comba de Bande en Orense y San Pedro de la nave en Zamora— o la orfebrería (tesoro de Guarrazar).

**Hace unos meses, el BNG (Bloque Nacionalista Galego) publicaba su proyecto de Estatuto para Galicia**

**donde apelaba al reino de los suevos como la primera nación gallega independiente. ¿Existe alguna base para esa afirmación?**

Pues ciertamente ninguna. A decir verdad, ni siquiera resulta seguro que se pueda hablar de un reino suevo. Cuando se produjo su entrada en el interior del Imperio romano en el 409, habían dejado propiamente de ser suevos aunque, convencionalmente, los denominemos así. Su importancia era tan escasa que, de hecho, cuando en el 406 entraron por el Rin ni siquiera fueron detectados.

En el 419 estaban tan debilitados que sólo la intervención del ejército romano evitó su exterminio. En el 464 se sometieron a los visigodos. De 550 a 585 lograron una cierta autonomía e incluso llegaron a Oporto de manera efímera, pero esa etapa duró poco. En 585 los aniquiló Leovigildo.

**¿Entonces nunca existió esa nación gallega?**

Hablar de una nación gallega es un verdadero despropósito por varias razones. La primera es que culturalmente lo que ahora conocemos como Galicia estuvo muy vinculado a Roma desde fechas muy antiguas. En el año 137 a. de J.C., Décimo Junio Bruto el Galaico alcanzó el Miño, y en el 61 a. de J.C., Julio César desembarcaba en la Coruña (Brigantium). Ahí no había suevos ni nada parecido.

Jurídicamente, el derecho gallego —muy primitivo— procede del derecho romano y no del germánico.

Lingüísticamente, el gallego es una lengua romance derivada del latín y no de alguna otra lengua germánica.

Por último, religiosamente, la Historia de Galicia está vinculada al catolicismo y no al arrianismo.

Pretender, por lo tanto, identificar a Galicia con los suevos no pasa de ser un verdadero dislate.

CAPÍTULO XVI

# El reino visigodo (IV): el final

*En el capítulo anterior vimos las consecuencias de la transformación del reino visigodo en una monarquía española, nacional y católica. Los logros de esa monarquía fueron extraordinarios, sobre todo, si se considera la época y si se compara con la situación en el resto de Occidente. Sin embargo, la monarquía padecía una serie de males que facilitaron su desaparición.*

**¿Cuáles fueron las causas de la debilidad del reino visigodo?**

La primera, sin duda, fue la monarquía electiva que era un semillero de conflictos. De esa monarquía electiva derivaba una división en partidos que envenenó la vida política.

A esto se sumó pronto una clara decadencia moral que, entre otras circunstancias, se manifestaba en el incumplimiento de la ley; un antisemitismo cada vez más acentuado, y una grave despreocupación frente al peligro que representaba el islam.

**¿Resultaba tan claro el peligro islámico?**

Sin duda. Hay que tener en cuenta que el rey Wamba (672-680) ya se vio obligado a enfrentarse con una flota musulmana que devastó Andalucía. Sin embargo, ese riesgo no fue visto ni por los que conspiraron contra Wamba y le raparon la cabeza para arrebatarle el trono ni tampoco por sus sucesores Ervigio (680-687) y Egica (697-701). De hecho, tras la muerte de Witiza (701-710) —que fue cegado y depuesto— sus partidarios no dudaron en buscar la alianza con los musulmanes para conseguir sus objetivos.

**¿Qué sucedió a la muerte de Witiza?**

Podría decirse que se agudizaron las enfermedades políticas propias de la monarquía visigótica. A la división política de los godos entre partidarios del finado Witiza y del presente rey Rodrigo se sumaron la irresponsable petición de ayuda a los musulmanes y la actitud favorable de los judíos, golpeados incansablemente por los reyes visigodos, hacia estos invasores.

**¿Por qué llamaron a los musulmanes?**

Evidentemente por un gravísimo error de cálculo. Los partidarios de Witiza creían que los musulmanes les ayudarían a derrocar a don Rodrigo, pero luego no se quedarían en España o serían asimilados como los arrianos.

**¿Cuál fue el resultado?**

Una verdadera tragedia nacional que se tradujo en la aniquilación de la primera sociedad occidental de la época y en una presión islámica sobre Europa que continuó incluso tras la expulsión de los musulmanes de suelo español.

Los antecedentes son conocidos. Primero, se produjo la traición de don Julián, gobernador de Ceuta y padre de Florinda o la Cava (la prostituta), a la que, supuestamente, habría seducido don Rodrigo. Luego, el desembarco de los musulmanes, procedentes del norte de África, en España. A continuación la traición del obispo don Opas y de Gisberto que se pasaron al bando musulmán convencidos de que se verían beneficiados por los invasores. Finalmente, la derrota de Guadalete (711) donde se vio desbaratado el ejército que don Rodrigo había enviado contra los agresores islámicos. Empezaba así uno de los períodos más sangrientos y trágicos de la Historia de España.

CAPÍTULO XVII

# El islam en España (I): Guadalete y la conquista

*En el capítulo anterior nos referimos al final del reino visigodo y a la derrota del rey visigodo, don Rodrigo, en Guadalete. Hoy vamos a detenernos en los inicios de un período trágico, el del dominio musulmán, que iba a extenderse durante casi ocho siglos.*

**¿Desde cuándo ambicionó el islam apoderarse de España?**

De manera bien significativa, ese deseo nació del propio Mahoma. Entre las tierras que debían quedar sometidas al islam por mandato expreso de Mahoma se hallaba España, denominada «al-Andalus». Al respecto, existe un *hadiz* (dichos y acciones del Profeta Mahoma relatados por sus compañeros y complidos por aquellos sabios que les sucedieron) muy específico que afirma:

> Cuando el enviado de Dios, ¡Dios le bendiga y le salve!, estaba en Medina, se puso a mirar hacia Poniente, saludó e hizo señas con la mano. Su compañero Abu Aiúb al-Ansári le preguntó: «¿A quién saludas, ¡oh, Profeta de Dios!?» Y él le contestó:

> —A unos hombres de mi comunidad (musulmana) que estarán en Occidente, en una isla llamada al-Andalus. En ella el que esté con vida será un defensor y combatiente de la fe y el muerto será un mártir. A todos ellos los ha distinguido (Dios) en su Libro (Corán 39, 58): «Serán fulminados los que estén en los cielos y los que estén en la tierra, excepto aquellos que Dios quiera.»

Partiendo de ese punto de arranque no puede extrañar que España fuera —y siga siéndolo actualmente— una tierra ambicionada por los musulmanes.

**¿Cómo fue la conquista de España por los musulmanes?**

Pues en contra de lo que suele afirmarse y a pesar de que en Guadalete, gracias a la traición, los musulmanes lograron aniquilar el ejército español, la resistencia fue notablemente prolongada. De hecho, Tarik se vio obligado a llamar en su ayuda a Musa —el famoso Moro Muza— porque sus tropas no eran suficientes para someter a los españoles.

Dado que el invasor musulmán planteaba, de acuerdo con la ley islámica, la elección entre la capitulación o *ahd* (rendición y pago de la *shizya*) o la resistencia y *suhl* (esclavitud de mujeres y niños y asesinato de los hombres), hubiera sido lógico que se hubieran sucedido las capitulaciones. Sin embargo, Sevilla y Mérida resistieron durante meses y, todavía en 713, Sevilla se sublevó por segunda vez y Toledo seguía resistiendo.

Hasta el 714, Zaragoza, Barcelona y Tarragona no pudieron ser conquistadas. Allí, el conde Casio se convirtió al islam, lo que dio lugar a la estirpe de los Banu Qasi.

Al cabo de un lustro de combates —algo excepcional si se compara el tiempo que otras naciones tardaron en verse sometidas por la espada del islam— y a pesar de las victorias, los musulmanes no habían logrado subyugar a los españoles y se planteó la posibilidad de retirarse de España dado que con el fruto de las conquistas no habría botín para todos. Si tal eventualidad —que habría cambiado la Historia— no se produjo, se debió a que en 716 y 719 llegaron dos nuevas oleadas de invasores norteafricanos.

**¿En qué situación quedó la población española con la llegada de los musulmanes?**

Las situaciones fueron muy diversas. Los partidarios de Witiza, que habían llamado en su ayuda a los musulmanes, conservaron lo suyo e incluso lo acrecentaron como fue el caso de Agila.

Los judíos —que habían sufrido en los años previos una acumulación terrible de normas antisemitas— mejoraron de situación e incluso se convirtieron en un instrumento indispensable para que los invasores pudieran construir una administración.

Sin embargo, para la inmensa mayoría de la población española la invasión constituyó una tragedia sin precedentes y de escalofriantes características. O fue exterminada en el *suhl*, o se convirtió en esclava, o se vio condenada al exilio o se vio reducida a la condición de *dhimmíes*, es decir, de minoría que se hallaba obligada a pagar un impuesto para ser objeto de una tolerancia muy limitada.

**¿Entonces no existió una convivencia feliz entre las tres culturas de al-Andalus?**

La idea de que al-Andalus fue un lugar de pacífica convivencia entre las tres culturas es uno de los mitos más descabellados que se pueda imaginar. La realidad es que se trató de una sociedad ferozmente dividida y que esas divisiones incluso se extendieron a los propios musulmanes.

La sociedad se dividía en:

- *dhimmíes*: cristianos o mozárabes y judíos, sometidos a realizar el pago de la *jizya*, a llevar una ropa especial y a sufrir prohibiciones como las de montar a caballo o contraer matrimonio con una musulmana, y
- musulmanes: que, lejos de disfrutar de una armonía igualitaria, se hallaban trágicamente divididos entre la aristocracia árabe, los musulmanes del norte de África y los muladíes o hijos de conversos españoles. Sólo los primeros disfrutaban de una sociedad que se sustentaba, en no escasa medida, en el saqueo y la esclavitud. A lo largo de los siglos siguientes, serían constantes los enfrentamientos no sólo entre musulmanes, por un lado, y cristianos y judíos, por otro, sino, de manera bien significativa, entre los propios musulmanes, separados por razones fundamentalmente raciales.

CAPÍTULO XVIII

# El islam en España (II): la resistencia española

*En el capítulo anterior vimos cómo el islam no fue aceptado pacíficamente por los españoles, sino que provocó en ellos una encarnizada resistencia. La desaparición del ejército visigodo en Guadalete y la llegada continuada de nuevos invasores procedentes del norte de África tuvieron como consecuencia que, al cabo de los años, las diferentes ciudades españolas fueran cayendo en manos del islam. Sin embargo, el ansia de resistencia nacional no se extinguió. A esos inicios nos referiremos en los capítulos siguientes.*

## ¿Cuál fue el primer foco de resistencia contra el islam?

El constituido en torno a Pelayo en Asturias.

### ¿Cómo se articuló esa resistencia?

Hay diferentes teorías al respecto. Sánchez Albornoz pensaba que había convencido a los naturales del lugar de la necesidad de resistir. Lévy-Provençal se inclinaba porque había sido elegido por los godos para enfrentarse con los invasores. En cualquiera de los casos, resulta obvio que se formó un núcleo de resistencia contra los invasores islámicos y que se aglutinó en torno a Pelayo, un noble godo.

**¿Tardó mucho en convertirse en un foco político articulado?**

En el 718, los españoles ya habían establecido un reino en Asturias. Cuatro años después lograron la primera victoria sobre los musulmanes en Covadonga. Por primera vez en su Historia, el islam era frenado en el campo de batalla. Por cierto, aunque algunos autores insisten en negar la historicidad de la victoria de Covadonga, lo cierto es que aparece también en las fuentes árabes, si bien en ellas se minimiza la relevancia del combate.

**¿Se perpetuó la resistencia ofrecida por Pelayo?**

Sí. A su muerte fue sucedido por Fáfila (737-739) al que dio muerte un oso. A Fáfila lo sucedió Alfonso I, casado con Emersinda, la hija de Pelayo. La resistencia que había comenzado ya no se detendría hasta expulsar de España a los invasores musulmanes.

CAPÍTULO XIX

# El islam en España (III): el núcleo asturiano

*En el capítulo anterior nos referimos a la creación de un reino en Asturias por don Pelayo así como a la victoria lograda sobre los musulmanes en Covadonga. En las páginas siguientes vamos a detenernos en el primer gran monarca de Asturias.*

**¿Quien sucedió a don Pelayo?**

Alfonso I, esposo de Emersinda, como dijimos antes. Fue, sin duda, un gran rey, plenamente consciente de la necesidad de emprender una reconquista de la España invadida por el islam.

**¿Cuál era el objetivo de Alfonso I?**

No se trataba sólo de resistir a los terribles golpes musulmanes, sino también de recuperar territorio perdido. Así, Alfonso I, en primer lugar, reconquistó la zona cantábrica que había sido ocupada por los bereberes. Luego se extendió por Galicia, haciéndose con plazas tan principales como Lugo, Tuy, Oporto, Braga y Viseo. A continuación descendió y recuperó León, Astorga, Zamora, Salamanca, Ávila, Segovia, Sepúlveda, Simancas, Amaya o Miranda de Ebro.

**¿Qué les quedó entonces a los musulmanes?**

En el 745, los musulmanes no pasaban de controlar Mérida y Coria en el centro y en el oeste, siendo Toledo y Talavera los puntos más avanzados de dominio musulmán. Resulta obvio por la magnitud de sus logros —y la escasez de medios con que contaban los asturianos— que las poblaciones locales no deseaban apoyar a un invasor como el islámico que había demostrado de manera repetida lo despiadado que podía ser su dominio.

**¿Por qué no se mantuvieron esos logros reconquistadores?**

Por falta de gente que pudiera colonizar el terreno recuperado. Sin embargo, con los mozárabes que huían de al-Andalus se pudo fortificar una zona que iba de Galicia a las tierras de los vascones. Esto incluía los valles de Sella, Potes y el Nervión, y zonas como Álava, Bureba y la Rioja que se mantendrían reconquistadas, mientras que el valle del Duero pasó a ser una tierra de nadie.

CAPÍTULO XX

# El islam en España (IV): el emirato independiente

*Cuando se produjo la invasión de España por los musulmanes, la dinastía califal era la de los omeyas. Sin embargo, pronto Abul Abbas el Sanguinario asesinaría a todos los omeyas y se convertiría en califa. De la terrible matanza, sólo escapó un jovencísimo Abd ar-Rahmán que llegaría a España y que cambiaría la Historia.*

**¿Por qué asesinó Abul Abbas a los omeyas?**

Por razones políticas y religiosas. El 28 de noviembre de 749, Abul Abbas Abd Allah, descendiente de Abbas, pariente de Mahoma, se proclamó califa en Kufa, alegando que era el imán oculto esperado por los musulmanes. Inmediatamente, y como gesto de benevolencia, ofreció una amnistía..., que aprovechó para asesinar en Abu Frutus a los omeyas.

**¿Logró alguien escapar de la matanza?**

Sólo dos personas. Una de ellas fue Abd ar-Rahmán, con sólo veinte años. Durante cuatro años vagó por el norte de África huyendo de los esbirros de Abul Abbas.

Se salvó porque los yemeníes enfrentados a los qaysíes le ofrecieron pasar a la Península. El 14 de agosto de 755, desembarcaba en Almuñécar. Para nuestra Historia, se trató de un episodio muy relevante porque, como veremos, fundó el emirato independiente.

**¿Cómo se hizo con el poder en España Abd ar-Rahmán?**

Aprovechando la división en clanes que existía en al-Andalus. Abd ar-Rahmán, primero, eliminó a los qaysíes respaldado por los yemeníes. Luego eliminó a los yemeníes y se enfrentó con los bereberes levantiscos. Así, apoyado en el ejército y en el clan de los quraysíes que eran los suyos, logró conquistar el poder.

**¿Por qué se proclamó emir?**

Para ser independiente del califato de Bagdad.

**¿Cómo mantuvo el poder?**

De una manera que fue la constante en la presencia del islam en España, mediante una combinación de represión terrible en el interior y del sistema de *aceifas* —expediciones de saqueo— en el exterior. Con todo, Pero no siempre tuvo éxito. Fruela I derrotó en Pontuvium una expedición musulmana y capturó a Omar, el hijo del emir.

**¿Fue eficaz el sistema islámico?**

Sí, pero era débil. Exigía una enorme violencia y se basaba en el despojo. Sin embargo, cuando Abd ar-Rahmán falleció en Córdoba el 30 de septiembre de 788, se hallaba relativamente consolidado.

CAPÍTULO XXI

# El islam en España (V): el emirato independiente y la resistencia interna

*En páginas anteriores hicimos referencia a la implantación y consolidación del emirato independiente en España con Abd ar-Rahmán I. En las siguientes vamos a detenernos en la serie considerable de resistencias internas que provocó este nuevo régimen.*

**¿Qué focos de resistencia al poder del emir se produjeron en el interior de al-Andalus?**

Fundamentalmente tres:

Las sublevaciones de los muladíes o españoles convertidos al islam.

La resistencia de los mozárabes o cristianos que vivían en tierras dominadas por el islam.

La rebelión de Omar ibn Hafsún a partir de Muhammad I.

**¿Por qué se sublevaron los muladíes?**

A pesar de las proclamas supuestamente igualitarias del islam, lo cierto es que los españoles que se habían convertido al islam eran discriminados y explotados. Por añadidura, no dejaron de sufrir el despotismo del emir. Al respecto, debe recordarse que al-Hakam II afirmó que cosería el territorio con una aguja que sería la espada. Estas circunstancias explican la repetida resistencia de los muladíes —a fin de cuentas españoles— frente a los emires. Los ejemplos son repetidos. En el 796 se sublevaron en Zaragoza los Banu Qasi. Poco después sucedió lo mismo en Toledo. A esto hay que añadir las sublevaciones recidivantes en algunas ciudades. Por ejemplo, en Mérida, en 806-813 y 817, o en Córdoba, que se alzó contra el emir en 805 y 806, para culminar en el escalofriante motín del arrabal en 818.

**¿Quién fue el personaje más importante en esa rebelión de los muladíes?**

Sin ningún género de duda, el legendario Omar ibn Hafsún que durante años mantuvo en jaque a los distintos emires aunque, al final, su proyecto político fracasó y de sus ruinas surgió incluso el califato de Córdoba.

Como ya hemos señalado, con Muhammad I, se sublevaron las marcas de Toledo y de Mérida. Al poco tiempo se sumaron a la rebelión contra el despotismo omeya los Banu Qasi en Zaragoza y Omar ibn Hafsún en la serranía de Ronda.

La familia de Ibn Hafsún había abandonado el cristianismo con su abuelo Shafar, en la época de al-Hakam I. Por lo que a él se refiere, tras matar a un vecino, se vio obligado a huir y se convirtió en un bandido que no tardó en lanzar consignas políticas. En 883 fue capturado y se le ofreció ser jefe de la guardia del emir pero prefirió volver a la resistencia.

Ibn Hafsún invitaba, según sus propias palabras, a sacudirse «el yugo de este gobierno que os quita vuestros bienes y os impone pesadas cargas, mientras los árabes os colman de humillaciones y os tratan como esclavos».

No cabe duda de que aquel llamamiento, basado en una terrible realidad, tuvo éxito. En el año 899, Omar controlaba la mayor parte del sur de al-Andalus y el emir apenas un territorio alrededor de Córdoba. Llegados a ese punto, Ibn Hafsún dio un paso de enorme trascendencia y fue el de regresar a la fe de sus mayores. Se convirtió así al cristianismo. Esa decisión le privó de apoyo entre muchos musulmanes que podían compartir sus objetivos sociales, pero que se sentían más vinculados con otro seguidor de Mahoma —aunque fuera un explotador— que con un cristiano. Así, en la última década de su vida Ibn Hafsún fue perdiendo terreno. Murió en 917 en Bobastro y finalmente sus hijos fueron derrotados por Abd ar-Rahmán III, en 918.

**¿Por qué tuvo lugar la resistencia de los mozárabes?**

Pues las razones son obvias. Los cristianos eran, sin lugar a dudas, el grupo peor tratado de entre los distintos colectivos sometidos al emirato. Intentaban conservar su religión, su lengua romance y su cultura y, por ello, fueron objeto de un fanático golpe tras otro. Contra ellos se desencadenaron persecuciones en el año 822, entre el 850 y el 851 y, con especial virulencia, del 852 al 859 cuando tuvo lugar, entre otros, el martirio de san Eulogio.

Sin embargo, como veremos en un capítulo posterior, la mayor resistencia procedió de aquellos españoles entregados a la tarea de liberar su nación de los invasores islámicos.

CAPÍTULO XXII

# El islam en España (VI): los otros focos de resistencia

*En el capítulo anterior nos referimos a las resistencias internas que provocó el emirato y con anterioridad narramos la resistencia cristiana en Asturias. Próximamente, trataremos el califato cordobés, pero antes hemos de recordar los núcleos de resistencia que fueron surgiendo en el norte.*

**Aparte de la resistencia del reino asturiano, ¿qué otros focos de resistencia frente al islam aparecieron en España?**

Fundamentalmente tres: la Marca Hispánica, Aragón y Navarra.

**¿Qué fue la Marca Hispánica?**

Un territorio tapón creado por el imperio carolingio para enfrentarse a una posible invasión islámica.

En el 777, Carlomagno fracasó en un intento de conquistar Zaragoza, Pamplona y Barcelona, pero en 820 controlaba lo que sería, posteriormente, la Cataluña vieja. Hasta 1180, los condes de esa tierra que luego sería Cataluña datarían sus documentos por los monarcas francos a los que estaban sometidos.

Barcelona fue arrasada en 852 y 858, pero, en 870, un godo de Carcasona llamado Vifredo el Velloso unió bajo su dominio los condados de Barcelona, Gerona, Urgel-Cerdaña y Conflent. No era independiente puesto que dependía del imperio franco, pero sí era un foco de resistencia frente al islam.

**¿Y Aragón?**

A inicios del siglo IX sobre las montañas aragonesas regía un conde franco llamado Aureolo. En el curso de ese mismo siglo, Aragón escapó de la influencia franca para caer en la navarra. Entre los siglos VIII y XI, pasó de 600 km cuadrados a 4000.

**¿Y Navarra?**

Pamplona fue ocupada en el 716 por los invasores islámicos, pero se sublevó contra ellos en 735, 755 y 777. Ocasionalmente, Navarra estuvo sometida a los francos, pero en 824 Pamplona los echó de su seno convirtiéndose en un reino independiente.

Su primer monarca fue Sancho Garcés I (905-925) que muy pronto sometió a Aragón y a los condados de Sobrarbe y Ribagorza al este de Aragón, extendiéndose también por la Rioja.

**¿Qué pasó con estos brotes de resistencia?**

Los condados de lo que luego sería Cataluña acabarían dominados por el de Barcelona. Sin embargo, nunca llegaría a existir un reino de Cataluña o de Barcelona. Aragón, por el contrario, sí se convertiría en reino.

Navarra era ya reino a inicios del siglo IX, pero el gran peso de la resistencia contra el islam —como veremos en el siguiente capítulo— siguió vinculado al reino asturiano.

**Desde su aparición a finales del siglo XIX, el nacionalismo catalán ha insistido en la existencia de una nación catalana y en la inexistencia de la nación española. ¿Qué base histórica hay para esa afirmación?**

Ninguna. De hecho choca con lo que pensaban en los siglos VII y VIII los que habitaban los territorios de lo que luego sería Cataluña.

En el año 801 d. de J.C., un ejército al mando de Ludovico Pío, rey de Aquitania, llegó hasta la ciudad de Barcelona. De esa manera, se creó el condado de Barcelona. De forma harto significativa, en los documentos de Ludovico Pío se distinguía entre sus súbditos denominando a unos francos y a otros españoles. Eran precisamente españoles los que vivían en condados como los de Barcelona, Ausona, Ampurias o Urgel, que eran feudos del ducado de Septimania y, por lo tanto, del reino franco. Así, en un precepto otorgado por Ludovico en abril del año 815 y destinado a la protección de los habitantes del condado de Barcelona y otros condados subalternos, se habla literalmente de los españoles Juan, Suintila, y un largo etcétera, y, sobre todo, se dice algo enormemente interesante sobre los habitantes de lo que ahora denominamos Cataluña:

> Muchos españoles no pudiendo soportar el yugo de los infieles y las crueldades que éstos ejercen sobre los cristianos han abandonado sus bienes en aquel país y han venido a buscar asilo en nuestra Septimania, o en aquella parte de España que nos obedece.

En el documento, como era de esperar, no aparece ni la palabra «Cataluña» —que tardaría varios siglos en surgir— ni el término «catalanes» porque se trataba de ideas aún inexistentes. Sin embargo, sí se hace referencia a que esa zona territorial formaba parte de España y que sus habitantes eran españoles.

CAPÍTULO XXIII

# El islam en España (VII): Alfonso III, «Rey de toda España»

*En páginas anteriores nos referimos a varios núcleos de resistencia situados en el norte de la Península. Con todo, el avance más importante lo iba a protagonizar el gran núcleo occidental impulsado por Alfonso III, un rey que —demostrando el impulso patriótico que lo movía— se atribuyó la soberanía sobre «toda España».*

**¿Cuál era la base del plan de Reconquista de Alfonso III?**

Por un lado, buscaba, por supuesto, recuperar la tierra ocupada por los musulmanes, pero, a la vez, y esto resulta muy importante, deseaba proporcionar tierras de refugio a los mozárabes que, desesperados, huían de al-Andalus.

**¿Cómo se articuló la Reconquista llevada a cabo por Alfonso III?**

Sobre tres ejes. Uno de ellos, orientado desde Galicia, daría lugar con el tiempo al nacimiento de las coronas de Portugal y Castilla.

El segundo eje avanzó por el centro y, partiendo de

municipios como Toro y Zamora, preparó la reconquista del valle del Tajo.

El tercer eje arrancó de una tierra que ya a finales del siglo IX comienza a llamarse Castilla, es decir, que tiene nombre propio tres siglos antes que Cataluña.

**¿Qué hitos más importantes tuvo la Reconquista de Alfonso III?**

En el oeste, en 868, repobló Oporto y en 878, Coimbra.

En el centro, la victoria cristiana de la Polvorosa obligó por primera vez a los musulmanes a pedir una tregua.

En el este, Diego Rodríguez Porcelos, hijo del conde castellano Rodrigo, fundó en 873 Burgos. Llegó incluso hasta Mérida donde liberó a los mozárabes y se los llevó al norte.

No puede negarse que los logros de Alfonso III fueron extraordinarios.

**¿Por qué se autodenominó Alfonso III *Rex totius Hispaniae*?**

Por una razón bien sencilla. Porque se veía como rey de la España que resistía frente al islam. Queda así de manifiesto que existía la idea de una España que combatía por liberarse de los invasores musulmanes.

**¿Cómo fue el final del reinado de Alfonso III?**

Fue trágico. En 909 fue destronado por sus hijos, que se dividieron el reino. Con el tiempo, Ordoño anularía aquel paso a la vez que establecía la capital del reino en León.

CAPÍTULO XXIV

# El islam en España (VIII): el califato de Córdoba

*En el capítulo anterior nos referimos a los núcleos de resistencia contra el islam en el norte. En las próximas páginas nos ocuparemos del período de mayor esplendor del islam en España, el relacionado con el califato de Córdoba.*

**Antes de entrar en el califato y por abordar un tema de especial importancia, se ha hablado mucho de las aportaciones de los árabes a España, como los jardines, los baños, las casas andaluzas, etcétera. ¿Qué hay de verdad en ello?**

Pues la verdad es que casi todo en el emirato siguió elevándose sobre lo que había sobrevivido de la herencia hispanorromana. Así, las aldeas o cortijadas rurales insertas en el seno de una gran propiedad constituían una herencia clara del Bajo Imperio romano; la mayor parte de las ciudades eran de origen preislámico; las casas que suelen denominarse árabes o andaluzas seguían un claro patrón romano; el sistema de aparcería estaba copiado de los bizantinos y la agricultura mantuvo patrones emanados directamente de los conocimientos romanos, como el uso y trazado de canales y acequias, conservados naturalmente por los visigodos. No deja de ser una terrible ironía que los musulmanes aniquilaran una cultura extraordinaria, fruto de la fusión de elementos romanos, cristianos y germánicos, y que lo que sobrevivió se atribuya ahora a los destructores.

**Pero ¿habría alguna aportación original?**

Posiblemente, lo que sí fue característico del dominio islámico fue la consolidación de un sistema latifundista de propiedad de la tierra en la zona en que las tierras más productivas pertenecían a la aristocracia árabe, asentada en el sur, Levante, valle del Ebro y Toledo.

También fue original la cría de la paloma aunque no el arroz, ya conocido con los romanos, ni la alcachofa, que vino con los godos. En realidad, más allá de un talante y una estratificación social basada en la religión, apenas aportaron nada.

**Entremos, pues, en materia. ¿Cómo llegó al poder Abd ar-Rahmán III?**

En el 912, cuanto tenía veintiún años de edad, fue designado sucesor por su abuelo Abdallah. En apariencia, lo único que tenía era un pequeño territorio en torno a Córdoba, pero en el año 927 murió Omar ibn Hafsun y al año siguiente Abd ar-Rahmán tomó Bobastro. Eliminado el principal adversario, Abd ar-Rahmán no tuvo mucha dificultad en ir consolidando su poder. Su seguridad era tanta que, finalmente, dando un relevante paso histórico, se proclamó califa.

**¿Cómo nació la idea de un califato cordobés?**

Las explicaciones son diversas. Por supuesto, se puede mencionar la personalidad patológica de Abd ar-Rahmán III que le hacía sufrir enormemente, pero no puede pasarse por alto que fue un intento de contener a los musulmanes norteafricanos que miraban codiciosamente hacia al-Andalus y que ya habían establecido un califato. En un intento de controlar esa situación, el cordobés no sólo se proclamó califa, sino que además repitió una receta ya seguida por Roma y continuada, por ejemplo, por Isabel la Católica, la de que la seguridad de la Península pasa por dominar el norte de África. Fue así como Abd ar-Rahmán III impuso su dominio sobre Ceuta, Melilla y Tánger.

**¿Qué impacto tuvo el califato en la política peninsular?**

Verdaderamente enorme. Es cierto que inicialmente Abd ar-Rahmán fue derrotado por León en San Esteban de Gormaz (917) y por León y Navarra en Mudania (918). Sin embargo, a pesar de esos fracasos primeros, sus «campañas» —no *aceifas*— de Muez (920) e Iratí (924) fueron grandes victorias en las que dispensó terribles muestras de crueldad, como el asesinato de los doscientos monjes de San Pedro de Cerdeña o el arrasamiento de Pamplona.

Tras la derrota de Simancas renunció a nuevas campañas (939).

En un intento de sobrevivir aun a costa de renunciar a la alianza con otros caudillos españoles, en 950 Borrell II de Barcelona se sometió. Al sometimiento barcelonés se sumaron cambios dinásticos en los reinos del norte que el califa supo aprovechar en beneficio propio. En 959, controlaba a Sancho el Gordo de Navarra y, en 960, los reinos cristianos eran tributarios del califato.

**¿Cuáles fueron los aportes del califato?**

Fundamentalmente, consistieron en el control sobre al-Andalus y los núcleos de resistencia norteños y en el lujo en el que gastaba el fruto de sus saqueos en el norte y de un monopolio casi absoluto del tráfico de esclavos en el Mediterráneo. Recuérdese, por ejemplo, que a la muerte de Abd ar-Rahmán III su palacio de Medina Azahara (Madinat al-Zahra) disponía de los servicios de tres mil setecientos cincuenta esclavos varones y de seis mil trescientas mujeres de las que la inmensa mayoría también estaba reducidas a la esclavitud.

**¿Por qué no pudo perpetuarse el esplendor del califato después de Abd ar-Rahmán III?**

Porque ni el sistema era productivo ni podía mantener el expolio de manera indefinida.

**Al final de su vida, Abd ar-Rahmán III se quejaba de que no había conocido la felicidad salvo unos días aislados. ¿A qué se debía esa peculiar confesión? ¿Qué mal le provocó esa amargura?**

De entrada, su inmenso complejo de inferioridad. Hijo de una vascona, era pelirrojo y de ojos azules, lo que se asemejaba muy poco al patrón racial del árabe. De ahí que se tiñera el pelo y la barba de negro. Además el califa era paticorto y eso le llevaba a mostrarse siempre montado a caballo.

Ese desequilibrio seguramente se encuentra en la base de una crueldad extraordinaria de la que dio muestras repetidas a lo largo de su vida. Por ejemplo, cuando ordenó despedazar al niño Pelayo porque no cedió a sus deseos sexuales o cuando perpetró el asesinato de los doscientos monjes de San Pedro de Cerdeña o cuando, tras la derrota de Simancas, ejecutó encolerizado a trescientos de sus oficiales de caballería y a centenares de sus guerreros en horcas y cruces.

No puede extrañar que una mente así de enferma pudiera escribir al final de su vida:

> He reinado más de cincuenta años, con victoria y con paz. Amado por mis súbditos, temido por mis enemigos y respetado por mis aliados. Riquezas y honores, poder y placeres, aguardaron mi llamada para acudir de inmediato. No existe bendición terrenal que se me haya escapado. En esta situación he procedido a anotar con diligencia los días de felicidad pura y auténtica que he disfrutado: SUMAN CATORCE. Hombre, no cifres tus deseos en el mundo terrenal.

CAPÍTULO XXV

# El islam en España (IX): el final del califato y Almanzor

*En páginas anteriores nos acercamos al gran período de esplendor del islam en España, el correspondiente al califato de Córdoba y a su fundador Abd ar-Rahmán III. Se trató, sin embargo, de una situación efímera porque el sistema carecía de solidez. A esta cuestión esencial, vamos a dedicar este capítulo.*

## ¿Cómo comenzó la decadencia del califato?

El declive del califato se inició no mucho después del fallecimiento de Abd ar-Rahmán III. Al morir, al-Hakan II dejó el trono cordobés a Hisam, un muchacho de once años sin ninguna experiencia política. El poder real quedó, sin embargo, en manos del último gran personaje del califato: al-Mansur o, como lo llamaban los cristianos, Almanzor.

## ¿Cómo llegó al poder Almanzor?

El joven califa Hisam tenía el apoyo del Yafar al-Mushafi, quien disponía del beneplácito de la madre del califa, la concubina Subh de Navarra. Al-Mushafi, a su vez, contaba con la estrecha colaboración de un hombre llamado Abi Amir Muhammad, miembro de una familia árabe con posesiones en Algeciras que se trasladó a Córdoba para estudiar jurisprudencia y literatura. Este Abi Amir acabaría recibiendo con el tiempo el sobrenombre de «al-Mansur o el Victorioso».

Al-Mushafi le nombró, primero, administrador de la sultana Subh y después del joven Hisam. A la muerte de al-Hakam II recibió el nombramiento de visir y tutor del joven califa, por lo que Almanzor y su protector al-Mushafi empezaron a enfrentarse abiertamente. En el año 978, apartó totalmente a al-Mushafi del entorno del califa, gracias al apoyo de su suegro, el general Galib, y tres años más tarde consiguió que el joven Hisam le otorgara públicamente los poderes absolutos del gobierno, de esta forma, el califa pudo dedicarse a la vida piadosa que era lo que más le interesaba.

**¿Qué significó el gobierno de Almanzor?**

Una dictadura militar que duró más de veinte años. Las crónicas hablan de 57 expediciones victoriosas en las que destruyó Barcelona (985) —el conde Borrell no comprendió que no quisiera pactar con él—, Coimbra (987), los monasterios leoneses de Sahagún y Eslonza (988), Santiago de Compostela (997) y Pamplona (999). No puede sorprender que algunos consideraran que Almanzor era una señal de que el fin del mundo se hallaba cerca. Porque, a decir verdad, el musulmán ni construía ni recuperaba terreno. Tan sólo arrasaba, asesinaba, saqueaba y esclavizaba.

**Una copla asegura que Almanzor perdió el tambor en Calatañazor; es decir, que, finalmente, fue derrotado por los cristianos. Pero ¿se corresponde esa afirmación popular con la realidad?**

La realidad histórica es que en el año 999, Pamplona fue arrasada por los musulmanes. En un intento de defenderse frente a aquellas agresiones, Sancho García, conde de Castilla, formó una coalición con León, Navarra y los condes de Saldaña. Finalmente, los aliados chocaron con las tropas de Almanzor en Peña Cervera, Soria, a 50 km de Calatañazor.

El castellano Sancho García protagonizó varias cargas de caballería que estuvieron a punto de hundir el frente de Almanzor, pero entonces éste trasladó el campamento de un llano a una colina y los cristianos, creyendo que se trataba de refuerzos que llegaban para ayudar al musulmán, se retiraron.

Se trató de una victoria de Almanzor —de hecho, tras ella volvió a saquear Burgos—, pero fue la última. Ya sólo realizó una aceifa en 1002 cuando arrasó el monasterio de San Millán de la Cogolla y de ahí regresó con una dolencia que le obligó a viajar en litera. Falleció a los pocos días en las cercanías de Medinaceli (Soria). *Cronicón Burguense* diría que «fue sepultado en los infiernos».

**¿Qué sucedió tras el gobierno de Almanzor?**

Nada había logrado salvo someter todo a la fuerza bruta y, al morir, el aparato del Estado islámico se colapsó. De hecho, el gobierno dictatorial de Almanzor fue una de las causas que motivaron el estallido de la Gran

Fitna y la guerra civil en al-Andalus entre los años 1009 y 1031. La violencia islámica había causado males indecibles, pero demostró ser incapaz de articular un sistema político no ya justo , sino meramente estable.

CAPÍTULO XXVI

# Sancho III el Mayor

*En el capítulo anterior nos referimos al tremendo golpe que experimentó el poderío islámico tras la muerte de Almanzor. Esa fase de decadencia discurriría en paralelo al reinado de uno de los grandes monarcas españoles de la Edad Media: el navarro Sancho III.*

**¿Quién era Sancho III de Navarra?**

Sancho Garcés III, apodado «el Mayor o el Grande», fue rey de Navarra, o más exactamente del reino de Nájera-Pamplona, entre los años 1000-1035, de los condados de Sobrarbe y Ribagorza desde 1018 y de Castilla desde 1029. Ascendió al trono en el año 1000, heredando los reinos de Navarra y Aragón, con la residencia regia fijada en Nájera.

En 1016 delimitó las fronteras entre Navarra y el condado de Castilla. Se trataba de una política de amistad que se consumaría al contraer matrimonio con Munia o Muniadona, hija del conde castellano Sancho García. De ese matrimonio nacerían Fernando —que sería el primer rey de Castilla—, Gonzalo (conde de Sobrarbe y Ribagorza) y las hijas Mayor y Jimena, que sería reina de León tras casarse con Bermudo III.

**¿Cómo influyó Sancho III en el desarrollo de la Reconquista?**

De manera muy considerable. Indirectamente, porque reconoció a Castilla y porque inició una política de apertura a Europa mediante la introducción de la reforma de Cluny, presente en los monasterios de San Salvador, Leire y San Juan de la Peña. Directamente, asegurándose un control del norte de España que iba desde Zamora a Barcelona (1003).

**Pero ¿cómo se contempló a sí mismo Sancho III? ¿Como un rey navarro?**

Como ya había sucedido con Alfonso III, Sancho III se contempló como rey de la España que pensaba arrancar de las manos de los invasores musulmanes. Mal que les pese a los nacionalistas vascos, el título que se dio no fue el de rey de una Euskadi inexistente sino el de «Imperator Totus Hispaniae». Buena prueba de ello es que llegó a acuñar moneda con dicho título.

Por si fuera poco, en el decreto de restauración de la catedral de Pamplona, Sancho III se refirió a «nuestra patria, España» y a Witiza y Rodrigo los denominó «nuestros predecesores y antepasados». ¿Puede extrañar que lo denominaran *Rex Ibericus* y *Rex Hispaniarum*?

**Pero entonces, ¿no existió Euskadi o Euskalherria durante la Edad Media?**

Pues la verdad es que no. En el año 800 d. de J.C.,

Íñigo Arista se hizo con el poder en la antigua ciudad de Pamplona. Enfrentado con los musulmanes que habían invadido España y con las presiones de los francos, aquel reino de Pamplona acabó convirtiéndose en el reino de Navarra y, poco a poco, en lucha continuada contra los invasores islámicos, fue extendiéndose territorialmente. A finales del siglo X, Navarra se anexionó una parte de Álava y en 1029, Sancho III el Mayor —que, como ya hemos visto, se definía a sí mismo como emperador de España y heredero de los monarcas visigodos— pasó a controlar Castilla y las actuales provincias vascongadas. Esa unión duró poco. En realidad, permaneció tan sólo durante la época de esplendor de Navarra. En 1035, Castilla recuperó su independencia y, paso a paso, sus fronteras antiguas, y en 1076 Vizcaya se separó del reino de Navarra para, voluntariamente, entrar a formar parte de los territorios de la Corona de Castilla. En 1109, Castilla se unió otra vez a Navarra gracias a las acciones de Alfonso I el Batallador. En esos momentos, Vizcaya, que era parte de Castilla, se convirtió también en un territorio de Navarra. Aquella unión fue también fugaz. En 1134, con la muerte de Alfonso I el Batallador, Castilla volvió a ser independiente y Vizcaya también se separó de Navarra para seguir siendo un territorio castellano. A finales de ese mismo siglo XII, Álava y Guipúzcoa se incorporaron también por separado y de manera voluntaria a Castilla y seguirían formando parte de ella durante siglos. De hecho, cuando a inicios del siglo XVI Navarra se reintegró en la España reunificada lo hizo como reino y conservando sus viejos fueros.

A lo largo de la Edad Media, y tan sólo por unas décadas, Navarra contó entre sus territorios a las tres provincias vascongadas de la misma manera que estuvo incluida durante algunos años Castilla. Por lo tanto, ni existió una Euskalherria unida, ni en esa Euskalherria estuvo Navarra, ni jamás las provincias vascongadas dominaron Navarra. Semejantes concepciones no son sino un ejemplo más de los delirios mitológicos del nacionalismo vasco.

**¿Qué sucedió a la muerte de Sancho III?**

Pues seguramente que cometió el mayor error de un reinado muy fecundo. Antes de morir en el 1035, dividió sus territorios entre sus hijos: su primogénito, García, heredó Pamplona y algunas tierras en Aragón y Castilla; Fernando obtuvo una buena parte del condado de Castilla; Ramiro recibió tierras en Aragón y en Navarra, y Gonzalo en el Sobrarbe y en Aragón.

CAPÍTULO XXVII

# Castilla: de condado a reino

*En el capítulo anterior vimos cómo Sancho III dividió sus territorios entre sus hijos. De manera bien significativa, Castilla dejaba de ser condado para convertirse en reino. En las próximas páginas vamos a detenernos en las causas de ese cambio y en los orígenes de Castilla.*

## ¿Cuándo comienza la Historia de Castilla?

Tan sólo algunas décadas después de la invasión islámica. Las primeras repoblaciones tuvieron lugar en el 791 en el valle de Mena, Valpuesta y el núcleo occidental. Los habitantes procedían de Cantabria y de lo que ahora denominamos Vizcaya y entonces era conocido como la Bardulia.

El 15 de septiembre del año 800, el último año del mismo siglo en que tuvo lugar la llegada de los musulmanes, ya nos encontramos con un documento notarial en el que aparece el nombre de Castilla. El texto se redactó en el hoy desaparecido monasterio de San Emeterio de Taranco de Mena, situado en el valle de Mena, en el norte de la actual provincia de Burgos. En virtud de este documento, el abad Vitulo donaba unos terrenos y afirmaba: «*Bardulia quae nunc vocatur Castella*» (Bardulia que ahora se denomina Castilla).

**¿Por qué recibió el nombre de Castilla?**

Por los castillos que se fueron estableciendo en su territorio para asegurar la defensa contra las agresiones islámicas.

**¿Cuándo se convirtió en condado?**

Su primer conde fue Rodrigo (850-873). En esa época, Castilla limitaba al norte con la cordillera Cantábrica; al sur, con Valdivielso, Mena y Bricia; al oeste, con Aguilar de Campoo y la Brañosera; y al este, siguiendo el Ebro, con Puentelarra. La misión del conde era cobrar impuestos e impartir justicia, pero el de Castilla, desde el principio, se entregó a la expansión de su territorio. De hecho, el hito más importante fue la repoblación de Amaya en 860, pero, coincidiendo con el reinado de Alfonso III, el «rey de toda España», la expansión experimentada por Castilla fue muy importante al incluir tierras de Álava y La Rioja.

**¿Cómo obtuvo el condado de Castilla la independencia?**

La leyenda habla de un caballo y de un azor comprado por el rey Ramiro II de León a Fernán González. Habría pasado el tiempo y, al no saldar la deuda, los intereses habrían ascendido tanto que al monarca le habría resultado más rentable entregar la independencia al condado que abonar el precio. Ciertamente, Castilla logró la independencia con el citado conde, pero ese logro hay que atribuirlo al propio dinamismo castellano.

A Fernán González (931-970) las fuentes le atribuyen las típicas virtudes castellanas: trabajo, honor, religiosidad e independencia. Intervino en Simancas, donde derrotó a Abd ar-Rahmán III (939) y logró además rebasar la línea del Duero. Aquellos avances son los que explican que, en 1035, Castilla ya fuera un reino.

CAPÍTULO XXVIII

# El reino de Castilla: de Fernando I a Sancho II

*En el capítulo anterior hicimos una breve referencia a los orígenes de Castilla. En las páginas siguientes vamos a comentar lo que fueron sus primeros años como reino.*

**¿Quién fue Fernando I, el primer rey de Castilla?**

Fernando fue hijo de Sancho el Mayor de Navarra y de la castellana doña Muniadona. Como ya vimos, su padre le entregó Castilla como reino, pero se trataba de una Castilla desmembrada que, en parte, se había entregado a León y Navarra. Como era de esperar, Fernando I acometió como primera tarea de su reinado el recuperar esos territorios. Lo consiguió en el caso de León, tras la muerte de Bermudo III de León en la batalla de Tamarón, en Burgos; y en el de Navarra, al vencer a su hermano García en Atapuerca. Fue a partir de entonces cuando pudo entregarse a la causa de la Reconquista. Se trató de un proyecto que acometió con éxito y cuyo logro más importante fue la toma de Coimbra en 1063. Sin embargo, como en el caso de su padre, cometió el error de dividir el reino.

**¿Cómo dividió el reino Fernando I?**

Sancho, su primogénito, heredó el reino de Castilla y se convirtió en Sancho II. El resto de sus dominios los repartió entre sus hijos, otorgó el reino de León a Alfonso, Galicia a García y Zamora a Urraca. Por lo que se refiere a Elvira, entró en un monasterio.

**¿Qué sucedió tras la división del reino?**

Sancho II intentó, guiado por un criterio bastante lógico, reunificar el reino paterno y emprendió la guerra contra sus hermanos para conseguirlo. Con la intervención de Rodrigo Díaz de Vivar, el famosísimo Cid Campeador, derrotó a Alfonso en Llantada y Golpejera obligándole a exiliarse en Toledo. Urraca se puso al frente de la nobleza leonesa y se encerró en Zamora decidida a resistir a Sancho. Éste intentó tomar la plaza, pero, durante el asedio, fue asesinado por el traidor Vellido Dolfos. Sancho fue sucedido por Alfonso, que se convirtió en rey de Castilla. Sería un monarca decisivo en el avance de la Reconquista y en un momento especialmente peligroso para Occidente, el de las nuevas invasiones islámicas procedentes del norte de África.

CAPÍTULO XXIX

# Las invasiones norteafricanas (I): los almorávides. El Cid

*Como vimos en algunos capítulos anteriores, tras la muerte de Almanzor el califato se descompuso en distintos reinos de taifas. Estos reinos no sólo dejaron de manifiesto su incapacidad para poder enfrentarse a la presión de los núcleos de resistencia norteños, sino que, en realidad, estaban condenados a desaparecer a medio plazo permitiendo el final de la Reconquista. Si no fue así, se debió a un fenómeno singular: la llegada de una serie de oleadas invasoras islámicas que procedían del norte de África. La primera fue la de los almorávides.*

## ¿Por qué los reinos de taifas no podían resistir las presiones cristianas?

Por dos males que habían caracterizado desde sus inicios a al-Andalus: la incapacidad para crear un Estado islámico viable y la crispada fragmentación racial. Cuando el califato estalló, las taifas se formaron con bastante lógica mediante divisiones raciales. Así, había taifas bereberes, árabes e incluso eslavas, porque en estas últimas se habían hecho con el poder antiguos esclavos procedentes del este de Europa. El islam no había suprimido esas diferencias de clase y de raza. Si acaso, había servido para agudizarlas.

**¿Quiénes eran los almorávides?**

Una secta islámica fundada por un bereber llamado Yahya ben Ibrahim. Éste peregrinó a La Meca en 1083 y allí descubrió un islam mucho más estricto del que había conocido y que lo cautivó. Al regresar a su tierra intentó arrastrar a sus paisanos hacia su nueva visión religiosa, pero no fue bien acogido. Yahya optó entonces por encerrarse en un *ribat* —de donde viene el nombre de *al-murabbitun*, origen del almorávide español— a orillas del Níger.

Durante los años siguientes, la combinación de la sumisión al islam y el recurso de la espada proporcionaron una amplia expansión a los almorávides. De hecho, a la muerte de Yahya le sucedió Yusuf ben Tashufin que en 1070 fundó Marrakech. En 1085, los reyes musulmanes de Badajoz y Granada pidieron su ayuda para enfrentarse a la presión de los reinos cristianos. De manera paradójica, repetían el error de los partidarios de Witiza, unos siglos antes, cuando llamaron a los musulmanes del norte de África en ayuda suya y lo único que lograron fue su propia aniquilación.

**¿Qué significó la llegada de los almorávides?**

Una terrible oleada de violenta intolerancia. Los cristianos mozárabes fueron obligados a convertirse al islam o, de lo contrario, eran asesinados.

**Por cierto, y antes de continuar, durante siglos, España contó con la liturgia mozárabe, una liturgia propia independiente de otras occidentales como la ambrosiana o la romana. ¿Cómo nació el culto mozárabe?**

Como un efecto de la romanización, seguramente en el Bajo Imperio. Se trataba de un culto específicamente español aunque en lengua latina. Su perduración a lo largo de los siglos constituye una prueba de la voluntad de resistencia de los españoles frente al islam.

**¿Quién lo sustituyó por el romano?**

Fue una decisión de Alfonso VI de Castilla, que deseaba enlazar con la Europa transpirenaica y que pensó que una de las mejores maneras de hacerlo sería adaptar sus usos litúrgicos. Así, en 1080 convocó un concilio general de sus reinos en Burgos, declarándose oficialmente la abolición de la liturgia hispánica y su sustitución por la romana.

**¿Provocó oposición esa medida?**

Pues la verdad es que sí, porque el mozárabe se consideraba el culto específico español que no debía ser sustituido por el romano. Resulta significativo que uno de los que más se opuso a esa medida fuera el Cid.

**¿Por qué ha persistido el mozárabe excepcionalmente en Toledo?**

Hay razones históricas muy poderosas. Con la reconquista de Toledo en 1085, como concesión en el pacto de conquista, Alfonso VI autorizó a seis parroquias a conservar la antigua liturgia. Durante algún tiempo, también se mantuvo en las comunidades cristianas bajo dominio musulmán, pero en medio de un proceso de decadencia provocado por la feroz persecución islámica que acabaría implicando su desaparición.

**Aclarado queda. Estábamos hablando de la intolerancia de los almorávides...**

Sí, lo cierto es que tampoco los musulmanes escaparon de aquella severidad teológica. Por lo que se refiere a los reinos del norte no tardaron en sufrir las agresiones de los invasores norteafricanos. En 1086, Alfonso VI fue derrotado en Azagala, cerca de Badajoz. De manera bien significativa, tras la batalla, los almorávides llamaron a la oración subidos en una pirámide levantada con las cabezas de cautivos cristianos.

**¿Cómo se articuló la resistencia frente a los almorávides?**

Alfonso VI tuvo el buen criterio de llamar al Cid, al que había desterrado previamente siguiendo el consejo de algunos envidiosos. El caballero castellano articuló una hábil línea de defensa contra los invasores que se apoyaba sobre Toledo, Aledo y Valencia. De esa manera, el Cid controlaba el valle del Ebro y la zona de Valencia obligando a los régulos moros a enfrentarse con los almorávides.

Justo en esos momentos en que Castilla se convertía en bastión de la defensa de Occidente contra los invasores norteafricanos, el conde de Barcelona Berenguer Ramón II intentó lanzar contra ella a los régulos moros. Sin embargo, en 1089, el conde de Barcelona fue vencido por el Cid, que lo capturó en Tévar.

**¿Cómo se puso fin a la amenaza almorávide?**

En 1090, los almorávides controlaban ya al-Andalus con mano de hierro. La respuesta dada por Castilla fue una ofensiva de contención que, en 1094, permitió a Alfonso VI entrar en Lisboa, Santarem y Cintra, mientras que el Cid conquistaba Valencia. Aquellas victorias castellanas tuvieron un efecto enorme sobre la marcha de la Reconquista. Permitieron, por ejemplo, que en 1096, Pedro I de Aragón reconquistara Huesca.

**La tradición ha insistido en señalar las virtudes del Cid, Rodrigo Díaz de Vivar, en el enfrentamiento con los musulmanes. Pero ¿realmente fue su papel tan destacado en la lucha contra el islam?**

Aunque los almorávides no fueron derrotados totalmente hasta 1147 con la toma de Almería, el papel del Cid fue esencial en la lucha contra estos invasores norteafricanos. De entrada, el Cid supo establecer una línea de contención que demuestra su talento como estratega. Además, manejó magníficamente las alianzas —era un gran diplomático— separando a los régulos moros de los almorávides y trabando una alianza natural con Aragón, especialmente con Pedro I. De esa manera, juntos derrotaron a los almorávides en Peña Cadiella y en Bairén, cerca del mar.

Por añadidura, supo controlar los intentos de irresponsable traición como el del conde de Barcelona y demostró ser un magnífico táctico. Por ejemplo, en la batalla de los llanos de Cuarte, el Cid no llegó a recibir los refuerzos de Alfonso VI ni del rey de Aragón, pero supo dividir a las fuerzas almorávides y aplastarlas. Insistamos en ello: su papel —hasta su misma muerte en 1099— fue decisivo y el personaje fue excepcional. Por eso no puede extrañar que se convirtiera en un paradigma del héroe español antes de don Quijote o de don Juan Tenorio, ni tampoco que haya tenido una enorme influencia en literaturas o manifestaciones artísticas extranjeras.

CAPÍTULO XXX

# Las invasiones norteafricanas (II): los almorávides. Alfonso el Batallador y Alfonso el Emperador

*Como vimos en el capítulo anterior, cuando sobrevino la muerte del Cid, la oleada almorávide había quedado contenida, si bien no eliminada del todo. En las próximas páginas vamos a detenernos en su final.*

## ¿Qué sucedió tras la muerte del Cid?

En 1108, Alfonso VI fue derrotado en Uclés. Convencido de la necesidad que existía de recuperar la unidad nacional aniquilada por la invasión islámica, Alfonso VI concibió la idea de convertir a Alfonso I el Batallador, rey de Aragón en cabeza de los reinos hispanos. Dado que Aragón comprendía entonces Navarra ese paso habría significado una reunificación que no se produjo hasta los Reyes Católicos a finales del siglo XV. Cuando Alfonso VI murió (1109), su hija Urraca buscó el matrimonio con el rey aragonés para coronar ese proyecto.

## ¿Cuál fue la labor del Batallador?

En 1188 reconquistó Zaragoza y, al quedar abierto el valle del Ebro, se pudo proceder a la reconquista de

Tudela, Tarazona, Daroca y Calatayud. Además, el Batallador protagonizó una extraordinaria cabalgada hacia Granada. Finalmente, murió en Mequinenza combatiendo a los almorávides.

La labor reconquistadora del Batallador fue extraordinaria, pero quedó frustrada por dos razones fundamentales. La primera es que no llegó a consumar el matrimonio con doña Urraca —era homosexual o quizá impotente— y la esposa consiguió la anulación. De esa manera, la reunificación de España se retrasó por siglos. La segunda razón es que Alfonso el Batallador otorgó un testamento en el que dividía su reino entre las órdenes militares.

**¿Qué establecía el testamento de Alfonso el Batallador?**

Tras un corto viaje al valle de Arán, en octubre de 1130, Alfonso se encontraba asediando Bayona. Antes de levantar el sitio que duró un año redactó Alfonso I su singular y extraño testamento en el que dejaba el reino a las órdenes militares de Oriente: el Temple, el Hospital y el Santo Sepulcro.

El día 7 de septiembre de 1134, y tras haber ratificado su inviable testamento, murió el monarca en Poleñino, aldea situada entre Sariñena y Grañén. Fue enterrado en los aledaños de Huesca, en el castillo-abadía de Montearagón.

**¿Por qué tomó esa decisión Alfonso el Batallador?**

Por una mezcla de motivos. Por un lado, era obvio que Alfonso no había podido tener un heredero propio

sontes de Altamira.

rcófago fenicio. Museo provincial de Cádiz.

Busto de Aníbal Barca.

Busto de Escipión el Africano.

Muerte de Sertorio.

...sa romana con peristilo. Ruinas de Numancia.

Busto de Julio César.

Lápida con el pez símbolo de los primeros cristianos.

Moneda del emperador Trajano.

Disco de Teodosio.

Mausoleo de Gala Placidia.

Leovigildo y san Hermenegildo.

Santuario de Covadonga. Asturias.

*Conversión de Recaredo*, por Antoni Muñoz.

Restos del castillo de Boba
tro, situado en la cumbre d
cerro de Castillón. Córdob

Capitel del claustro de san Juan de la Peña.

*Retrato de Almanzor*, por Zurbarán.

Charlton Heston saluda al entonces Príncipe Juan Carlos durante el rodaje de *El Cid*.

*Alfonso I El Batallador, Rey de Aragón y de Navarra*, por Francisco Pradilla Ortiz

*Batalla de las Navas de Tolosa*, por Van Halen.

*Pedro IV el Ceremonioso.*

Ilustración del *Libro de ajedrez, dados et tablas* de Alfonso X el Sabio.

Isabel la Católica.

*San Vicente Ferrer en el compromiso de Caspe,* por José Inglés.

Escudo de los Reyes Católicos. Iglesia de Santiago, Orihuela.

*La rendición de Granada*, por Francisco Pradilla Ortiz.

*La expulsión de los judíos d*
*España*, por Emilio Sala.

Descubrimiento de América.

Gonzalo Fernández de Córdoba, *El Gran Capitán.*

*Educación del Príncipe Don Juan supervisada por Isabel la Católica*, por Salvador Martínez Cubells.

Retrato de Felipe el Hermoso y Juana la Loca con sus hijos Carlos, Leonor, Isabel y Catalina.

Sepulcro de los Reyes Católicos. Granada.

y, aparte de Castilla, no veía con quién emparentar. Por otro, abrigaba un profundo deseo de Reconquista y, sin duda, las órdenes militares habían demostrado su valía. Un testamento que les entregara el reino, en apariencia, permitiría continuar la tarea reconquistadora.

**¿Era viable el testamento de Alfonso el Batallador?**

La verdad es que resultaba irrealizable, ya que las órdenes militares no estaban en condiciones de asumir el gobierno del reino.

**¿Cómo se solucionó el enredo?**

La muerte de Alfonso sin sucesión directa abrió una crisis profunda en el reino de Aragón. Los nobles aragoneses no aceptaron la última voluntad dispuesta por el difunto monarca y elevaron al trono a Ramiro II, hermano de Alfonso, que a la sazón era obispo de Roda-Barbastro. En Navarra la situación planteada fue similar, y resultó elegido rey García Ramírez el Restaurador. Por su parte, los almorávides, vista la crisis política y dinástica, contraatacaron con éxito y recuperaron momentáneamente algunas zonas.

**¿Cómo se produjo el final de los almorávides?**

Sería el reino de Castilla el encargado de frenarlos. Urraca, como ya indicamos, no tuvo hijos de Alfonso el Batallador y así la corona de emperador pasó a su hijo Alfonso, tenido en otro matrimonio. Alfonso sería precisamente el que acabaría con la amenaza que representaban los almorávides.

En 1135, el hijo de Urraca fue coronado emperador

como Alfonso VII. Al acto asistieron como vasallos los reyes de Navarra, el conde de Barcelona y otros señores de España y Francia.

Alfonso VII precisamente fue el que asestó el golpe de gracia a los almorávides. En 1139 tomó Oreja, en 1143 Coria; en 1144, Mora y en 1147, Almería, con lo que el imperio almorávide se desplomó sin dejar rastro.

CAPÍTULO XXXI

# España hacia su reunificación: Barcelona entra en la Corona de Aragón

*En el capítulo anterior nos referimos a uno de los intentos más importantes de reunificación acontecidos durante la Edad Media española, el que pretendía unir a Castilla y a Aragón casando a doña Urraca con Alfonso el Batallador. Como vimos, ese intento —que pudo haber cambiado la Historia no sólo de España sino de todo Occidente— fracasó por culpa del rey aragonés. En las próximas páginas, nos ocuparemos de otro intento unificador especialmente importante porque, en esta ocasión, sí se coronó con el éxito. Nos referimos a la entrada del condado de Barcelona en la Corona de Aragón.*

## ¿Por qué se fijó Aragón en Barcelona para la unión de ambas entidades políticas?

La verdad es que tardó en hacerlo dado que Barcelona era una entidad política muy menor. De hecho, ya comentamos que el primer intento se dirigió hacia Castilla, que era lo más lógico. La situación, como vimos también, fracasó por Alfonso el Batallador. Éste no sólo no consumó el matrimonio con la castellana Urraca, sino que además, en su testamento, dejó como herederas de su reino a las órdenes militares.

**¿Y qué sucedió entonces?**

Pues como ya señalamos, nadie pensó en cumplir un testamento tan disparatado. Por supuesto, a las órdenes militares se les reconocieron algunos privilegios, pero mientras que los nobles aragoneses en Jaca elegían como sucesor a Ramiro el Monje —que en realidad era obispo de Roda-Barbastro— los navarros hicieron lo mismo con García el Restaurador.

Ramiro carecía ciertamente de experiencia política, pero durante su breve reinado (1134-1137), sofocó varias revueltas, lo que dio origen a la leyenda de la campana de Huesca, supuestamente formada con las cabezas de nobles levantiscos. Pero, por encima de todo, Ramiro procuró continuar con éxito la tarea de reunificación de España y garantizar la sucesión de la corona. Así, intentó prohijar a García Ramírez, ya rey de los navarros, con la intención de volver a unir Navarra con Aragón. También se esforzó por tener un hijo legítimo que heredara el reino de Aragón. Con tal finalidad se casó el día 13 de noviembre de 1135 en la catedral de Jaca con Inés de Poitou, una francesa noble y viuda que había demostrado su fertilidad en un matrimonio anterior. Del enlace con Inés nació el 11 de agosto de 1136 una niña que recibió el nombre de Petronila. A finales de ese mismo año, el rey y su esposa se separaron. Inés se retiró al monasterio de Santa María de Fontevrault, donde falleció en torno al año 1159.

Ramiro tomó, al poco de nacer la niña, la decisión

de casarla con Ramón Berenguer IV, conde de Barcelona. Los esponsales, a pesar de la considerable diferencia de edad, se firmaron el 11 de agosto de 1137.

**¿Eran equivalentes ambas entidades? ¿Era Cataluña una nación?**

No. Aragón era un reino y tenía una importancia considerable aunque fuera menor que la de León o Castilla. Cataluña como tal no existía aún, pero sí el condado de Barcelona. Por supuesto, es un disparate señalar que fuera una nación. Con tales datos, no sorprende que las condiciones para el matrimonio las pusiera el rey Ramiro el Monje, que mantenía una posición muy superior, y que fueran aceptadas por Ramón Berenguer IV. El 13 de noviembre de ese mismo año, Ramiro II abdicó el reino en su yerno, aunque no así la dignidad real. Desde ese momento Ramón, con título de príncipe de Aragón y conde de Barcelona, se hizo cargo de las dos entidades. Finalmente, en agosto de 1150 se celebró la boda del conde Ramón Berenguer y doña Petronila en Lérida.

**¿Cómo se denominó esa nueva unidad política?**

Por supuesto, Aragón. Era lógico que así fuera porque no se trataba de una confederación o de una unión de dos reinos sino de la entrada del condado de Barcelona dentro de los territorios de la corona aragonesa.

CAPÍTULO XXXII

# Las provincias vascongadas entran en Castilla

*En el capítulo anterior vimos uno de los intentos más ambiciosos de reunificación de España en el curso de la Edad Media. En este capítulo nos ocuparemos de otro especialmente importante porque significó la integración voluntaria de las provincias vascongadas en la Corona de Castilla.*

## ¿Cuándo y por qué se integró Álava en la Corona de Castilla?

Ya en el siglo VIII, Álava estuvo a punto de integrarse en Asturias, que fue el primer foco de resistencia contra la invasión islámica, y lo mismo sucedió en el siglo X en la Castilla de Fernán González. Cayó en la órbita de Navarra con la política expansionista de Sancho el Mayor, pero en 1076 era de nuevo independiente. En 1199-1200, con Alfonso VIII, se unió a Castilla de manera voluntaria, ya que deseaba huir del anexionismo navarro y además sabía que Castilla respetaría sus libertades.

**¿Cuándo y por qué se integró Guipúzcoa en la Corona de Castilla?**

En 1200, Guipúzcoa pidió la entrada en Castilla precisamente para librarse de las asechanzas navarras. La elección no pudo ser más acertada porque esta provincia, defendida por Castilla, no sufriría ningún fenómeno de violencia hasta la Guerra de la Convención del siglo XVIII.

**¿Cuándo y por qué se integró Vizcaya en la Corona de Castilla?**

Vizcaya en el siglo XI era un señorío independiente. Con Sancho el Mayor, se vio incorporada a Navarra, pero en 1180 recuperó su independencia. Reforzó entonces su unión con Castilla, que todavía no era formal. En 1200, Alfonso VIII entregó el señorío de Vizcaya a los López de Haro que fueron los creadores de Vizcaya y que formaron parte de la corona castellana. En 1379, Juan II de Castilla se convirtió en señor de Vizcaya al heredar el señorío.

**¿Entonces nunca existió una nación vasca?**

Por supuesto que no. Las provincias vascongadas llegaron a estar unidas, pero nunca entre sí, sino más bien como parte de la Corona de Castilla a la que prefirieron a la posibilidad de unirse a una Navarra en parte vascuence-parlante.

CAPÍTULO XXXIII

# La tercera invasión islámica: los almohades. El primer parlamento europeo

*Tras la aniquilación del imperio almorávide por Alfonso VII de Castilla, al-Andalus se vio sumida en un segundo período de taifas. Su reacción entonces fue, como en el pasado, la de pedir socorro a un nuevo movimiento islámico, los almohades norteafricanos. El que éstos invadieran España pudo cambiar la Historia de Occidente.*

**¿Quiénes eran los almohades?**

Una secta islámica surgida en torno a Muhammad ibn Tumart. Este personaje había nacido en 1084 en los montes del Antiatlas, en el sur de Marruecos. En 1121 se proclamó al-Mahdí al-Masum (el infalible *mahdí*) y en 1122 se enfrentó con los almorávides que eran sus rivales en la predicación de un mensaje islámico rigorista. Murió en 1130, pero en el año 1147 —el mismo año que Alfonso VII tomaba Almería— sus seguidores tomaron Marrakesch. Resultaba obvio que se habían convertido en los herederos naturales de los almorávides.

**¿Cómo llegaron los almohades a España?**

Invitados, como lo habían sido los musulmanes del siglo VIII o los almorávides. También en este caso no tenían la menor intención de marcharse de España una vez puesto el pie en ella. En 1148 los agentes almohades se apoderaron de Sevilla y en 1149, de Córdoba. En 1157, en un golpe de enorme efecto, arrebataron Almería a los castellanos. El terreno había quedado preparado para una invasión en toda regla y, en 1161, un ejército almohade desembarcó en Gibraltar.

**¿Cuál fue la reacción de los reinos cristianos?**

Desde 1161, intentaron resistir a los almohades, que eran tan fanáticos como para provocar el exilio del musulmán Averroes o del judío Maimónides. Sin embargo, en 1195, Alfonso VIII de Castilla sufrió una derrota terrible en Alarcos, y en 1196 Toledo se vio sitiada por los almohades.

**¿Cambió esa situación?**

Sí, y de manera decisiva, cuando en 1212 se formó una coalición para enfrentarse con el poder almohade. Su artífice principal fue Alfonso VIII de Castilla, al que se sumaron Pedro II de Aragón y Sancho VIII el Fuerte de Navarra, aunque no Alfonso IX de León. Este ejército combinado logró derrotar a los almohades en las Navas de Tolosa, una de las batallas decisivas de la Historia de Occidente ya que, de haberse producido una victoria islámica, Europa se hubiera visto anegada por una nueva invasión norteafricana. El papel de francos y alemanes —que arremetieron contra los judíos en Toledo y que tras la toma de Calatrava se retiraron— en esta empresa fue mínimo. Todo lo contrario sucedió con Diego López de Haro, señor de Vizcaya, que rompió las dos primeras filas de combatientes islámicos o el de Alfonso VIII, que lanzó una carga de caballería a la desesperada mandando fuerzas no sólo castellanas, sino también aragonesas y navarras.

En noviembre de 1212, en Coimbra, los reyes de Castilla, León y Portugal firmaron un tratado en virtud del cual se asignaban las zonas de reconquista. En 1223, los almohades desaparecieron en Marruecos.

**¿Qué consecuencias tuvo la victoria sobre los almohades?**

Como hemos señalado, la victoria sobre los almohades salvó a Europa y además dejó de manifiesto hasta qué punto la Reconquista era una tarea cuyo fin se encontraba al alcance de la mano. De hecho, de no haberse producido una epidemia tras la victoria de las Navas de Tolosa y la muerte de Alfonso VIII, la situación de los invasores islámicos en la Península hubiera sido muy precaria. Sin embargo, no sólo este triunfo tuvo relevancia, sino que también hay que añadir algunos otros aspectos muy importantes de la historia española de la época y que son menos conocidos. Por ejemplo, la aparición del primer parlamento europeo.

**Pero se suele repetir que el primer parlamento fue el inglés y que estuvo relacionado con la aceptación de la *Magna Charta Libertatum* de Juan Sin Tierra. En realidad, ¿cuál fue el primer parlamento de la Historia de Europa?**

Pues no fue el inglés, sino el leonés de 1188 convocado por Alfonso IX. Se trató de una reunión extraordinaria de la Curia —un órgano de gobierno procedente de la tradición visigótica— en la que se incluyeron procuradores de las ciudades del reino y de algunas poblaciones importantes. El nacionalismo catalán insiste en que en esta región española existió el primer parlamento, pero lo cierto es que no hubo nada parecido a lo ya acontecido en León hasta 1214.

**¿Por qué se creó?**

Como ha sucedido habitualmente con los parlamentos, porque el monarca necesitaba su ayuda ante un grave problema. En este caso concreto se trataba de la amenaza de los almohades.

**¿Quiénes estaban representados en ese primer parlamento de la Historia de Europa?**

La nobleza, el clero y las ciudades.

**¿Qué competencias tenía aquel parlamento?**

Como también sucedería con otros parlamentos a lo largo de la Historia, sus competencias estaban relacionadas fundamentalmente con los impuestos. El parlamento podía conceder un *petitum* (como en 1188) o la moneda, que era el derecho de acuñar moneda, algo aprovechado para variar la aleación o «quebrar moneda».

En 1188, Alfonso IX recibió un *petitum*, pero en las cortes de Benavente de 1202 vendió a los municipios su derecho para quebrar moneda durante siete años. A cambio, el rey concedió la Carta Magna leonesa en la que se recogían derechos como la inviolabilidad de domicilio, que la declaración de la guerra y la firma de la paz estuvieran sujetas a los tres estamentos, etcétera.

**¿Se perpetuó ese parlamentarismo?**

Sí. Continuó en Castilla. Con posterioridad, pero con una impronta más oligárquica y menos democrática se dio en Cataluña y después se fue extendiendo al resto de España.

CAPÍTULO XXXIV

# La gran alianza contra el islam: Fernando III y Jaime I

*La victoria de las Navas de Tolosa reafirmó la certeza de los reinos cristianos de que su supervivencia y su paz no estarían aseguradas hasta acabar con la amenaza islámica y que esta meta sólo sería alcanzada si se aliaban. Ésa fue la tarea fundamental de Fernando III de Castilla y León y de Jaime I de Aragón.*

**¿Cómo llegaron Fernando III y Jaime I a la conclusión de que había que terminar la Reconquista?**

En el caso de Jaime I el Conquistador, porque creció convencido de que el imperio transpirenaico con el que habían soñado algunos monarcas de Aragón no era posible, especialmente tras la muerte de Pedro II el Católico (1213), ante el castillo de Muret. A esto se unió posiblemente el hecho de que fue educado por el maestre de los templarios por decisión del papa Inocencio III. De esa manera, su formación careció del tono localista que había aquejado a algunos de sus predecesores y tuvo una proyección más universal.

**¿Cómo abordó esa tarea Jaime I?**

Mediante dos grandes empresas como fueron la conquista de Baleares y la de Valencia, que había sido reconquistada por el Cid y perdida con posterioridad. Este gran impulso concluyó en 1238 tras trece años de campañas.

**Por cierto, César, el nacionalismo catalán ha insistido en que con Jaime I entró el catalán en Valencia y que valenciano y catalán son la misma lengua. Yendo por partes, ¿qué lengua hablaban los valencianos a la llegada de Jaime I?**

Hablaban una lengua romance que los árabes llamaban al-Rumía. De esta lengua dan testimonio las crónicas que hablan de cómo los aragoneses que llegaron a Valencia se entendían con los habitantes de Valencia. De hecho, el propio Jaime I se encontró con que muchos de los nombres topónimos eran romances e incluso ordenó que los jueces del lugar dictaran las sentencias en la lengua romance, que ya se hablaba.

**¿Con quiénes repobló Valencia Jaime I?**

El *Llibre del Repartiment* señala que la mayoría de las tropas que participaron en la conquista de Valencia no eran catalanas sino aragonesas; que entre ambas la población no aumentó ni siquiera un cinco por ciento; que muchos de los catalanes prefirieron no quedarse y que los pocos que permanecieron, se asentaron precisamente en zonas que, históricamente, no han sido valencianoparlantes. Difícilmente podrían haber llevado el catalán a Valencia.

**¿Estaban convencidos valencianos y catalanes de que hablaban lenguas distintas?**

Por supuesto, Martín de Viciana señala que los que llegaron con Jaime I no hablaban catalán, sino provenzal y que acabaron hablando valenciano. Joanot Martorell escribió que había escrito el *Tirant lo Blanc* en «valenciano vulgar». Gregorio Genovar, en pleno siglo XVI, señaló que el *Blanquerna*, escrito en mallorquín, todavía no había sido traducido al valenciano. Por otro lado, hasta Pi i Margall o Josep Pla reconocieron que se trataba de lenguas diferentes.

**¿Cómo abordó la Reconquista Fernando III?**

En 1230 se produjo la unión definitiva de Castilla y León, y, de esa manera, se abrió el camino para que la Reconquista llegara a su apogeo en la persona en que se juntaban ambos reinos: Fernando III.

Fernando III reconquistó, en primer lugar, Córdoba, lo que constituyó un hito extraordinario. No se trataba sólo de que hubiera sido reconquistada la antigua sede del califato sino que además, en un acto cargado de simbolismo, Fernando III recuperó las campanas de Santiago de Compostela que se había llevado Almanzor siglos antes en una de sus aceifas y las devolvió a su lugar de origen. Tras la reconquista de Córdoba, ante él quedaban los reinos moros de Sevilla, Granada y Murcia.

Fernando III hubiera marchado sobre Granada, pero el rey moro se le adelantó declarándose tributario y entregándole Jaén. Por si fuera poco, el rey de Sevilla se hizo vasallo del rey de Túnez, lo que implicaba una nueva amenaza procedente del norte de África. La combinación de ambas circunstancias impulsó a Fernando III a acometer la reconquista de Sevilla (1248), una empresa castellana en la que, no obstante, colaboraron aragoneses, navarros, portugueses y los moros de Granada.

Tras la espectacular reconquista de Sevilla —una operación militar verdaderamente extraordinaria— el avance continuó hasta tomar Jerez y Cádiz, mientras el infante Alfonso se apoderaba del reino de Murcia que había pedido su absorción en Castilla.

En 1244 se firmó el tratado de Almizra que fijaba los límites de la Reconquista entre las coronas de Castilla y de Aragón. Se establecieron en la confluencia del Júcar y el Cabriel pasando por el puerto de Biar hasta Denia. De esa manera, quedaba fijado el futuro de España porque mientras que Aragón se lanzaría hacia el Mediterráneo, Castilla acabaría la Reconquista.

Fernando III, convencido, como tantos otros antes y después, de que la seguridad española dependía del control del norte de África, se preparaba a saltar sobre este continente para emprender la guerra contra los benimerines cuando murió en Sevilla en 1252.

**Una última cuestión, César. Se suele repetir que los andaluces actuales son descendientes directos de los dominadores árabes que hubo en al-Andalus, pero ¿son de verdad los cordobeses y sevillanos descendientes de los árabes?**

Pues es cierto que se suele contar lo que dices, pero la realidad histórica es muy diferente.

Los musulmanes que había en Córdoba y Sevilla tras su reconquista por parte de Fernando III fueron expulsados y la repoblación se llevó a cabo con gente de Castilla, León, Cantabria, Galicia o, incluso, las tierras Vascongadas.

De hecho, los habitantes musulmanes que prefirieron optar por no vivir bajo el gobierno de un rey cristiano fueron sustituidos por gentes venidas del norte. Ciertamente, si alguien pudiera trazar con seguridad su genealogía hasta algún antepasado cordobés o sevillano de la segunda mitad del siglo XIII se encontraría con seguridad con un castellano, un leonés o incluso un vizcaíno pero no con un andalusí.

CAPÍTULO XXXV

# Aragón se extiende por el Mediterráneo (I)

*Como vimos en el capítulo anterior, el tratado de Almizra (1244) permitió a Castilla continuar la Reconquista, pero, a la vez, abrió a Aragón el camino para su expansión mediterránea. Fue éste un fenómeno que comenzó precisamente con la muerte de Jaime I el Conquistador.*

**¿Cuáles fueron los términos del testamento de Jaime I?**

Jaime I dividió el reino entre Pedro III y Jaime. A Pedro le dejó Aragón, Valencia y Cataluña, y a Jaime, las Baleares, el condado de Rosellón y el señorío de Montpellier con el título de rey de Mallorca.

**¿Cuál fue el papel de Pedro III en la expansión por el Mediterráneo?**

Extraordinario. En 1282 intervino en Sicilia al sublevarse los habitantes de la isla contra los franceses. Alegaba que defendía los derechos de su esposa doña Constanza, hija de Manfredo, el regente de la isla, vencido por los franceses.

La escuadra aragonesa mandada por Roger de Lauria derrotó a los franceses en Malta y Nápoles e impuso que, como señalan las fuentes históricas, «hasta los peces ostentaran las barras de Aragón». Fue entonces cuando intervino el papa, aliado de Francia, y excomulgó a Pedro III y concedió la Corona de Aragón a Carlos de Valois, hijo del rey de Francia.

La respuesta de Pedro fue conceder el Privilegio general a los nobles aragoneses para evitar una sublevación y derrotar al ejército francés en el Coll de Panissars. Al morir, sin embargo, Pedro III prometió devolver la isla a cambio de que el papa le levantara la excomunión.

**¿Cumplieron los hijos de Pedro III la promesa que éste formuló al papa?**

No. Ni Alfonso III, rey de Aragón, ni Jaime II que lo sucedió cumplieron la promesa. Al final, en 1302 se llegó a un acuerdo en virtud del cual don Fadrique, hermano de Jaime II, se casó con la hija de Carlos de Anjou y se creó en beneficio suyo el reino de Sicilia.

**¿Cuál era la situación de Aragón a finales del siglo xiv?**

La de una extraordinaria expansión en el Mediterráneo. Jaime II consiguió el reconocimiento del derecho de conquista de Córcega y Cerdeña que fueron incorporadas en 1325 y 1355 respectivamente, y los almogávares de Roger de Flor —que, por cierto, gritaban en combate: «¡Aragón, Aragón!»— se apoderaron de los ducados de Atenas y Neopatria. Por si fuera poco, Pedro IV recuperó en 1349 el reino de Mallorca arrebatándoselo al rey Jaime III. A esas alturas, la Corona de Aragón era la primera potencia mediterránea de Europa.

CAPÍTULO XXXVI

# Aragón se extiende por el Mediterráneo (II)

*En el capítulo anterior, vimos cómo Pedro III y sus sucesores extendieron el poder de la Corona de Aragón por el Mediterráneo en una serie de enfrentamientos con Francia e incluso con el papado. En las páginas siguientes hacemos referencia a cómo su influencia llegó hasta el imperio bizantino.*

**¿Continuaron la política de expansión mediterránea los herederos de Pedro III?**

Sí. Jaime II no sólo mantuvo el poder aragonés sobre Sicilia, sino que además consiguió el reconocimiento del derecho de conquista de Córcega y Cerdeña —que logró en lucha contra Pisa— que fueron incorporadas en 1325 y 1355 respectivamente a la Corona de Aragón. Por añadidura, impulsó la famosa expedición de catalanes y aragoneses a Bizancio.

**¿Por qué tuvo lugar una expedición de aragoneses y catalanes a Bizancio?**

Se produjo a petición del emperador bizantino que se enfrentaba con la terrible presión islámica. Los almogávares de Roger de Flor —los mismos que gritaban: «¡Aragón, Aragón!»— se apoderaron de los ducados de Atenas y Neopatria. Nunca antes —y nunca después— llegarían las armas aragonesas tan lejos de su punto de partida.

**Por cierto, el nacionalismo catalán ha insistido en catalanizar a Roger de Flor. Pero en realidad, ¿de dónde era?**

Pues en contra de lo que han afirmado algunos, no era de Tarragona. Se llamaba Rutger von Blume, es decir, Rogelio de Flor en alemán, y había nacido en Brindisi, Italia, hijo de un cetrero del emperador germánico Federico II y de una burguesa italiana, hacia el año 1266.

Fue monje o caballero templario, pero lo expulsaron de la orden por robo y entonces se contrató con Fadrique de Sicilia, hijo de Pedro III de Aragón. Don Fadrique, que advirtió sus dotes militares, lo puso al mando de los almogávares

En 1303 entró al servicio de Andrónico II Paleólogo que lo contrató para que combatiera a los turcos y lo cierto es que consiguió rechazarlos hasta el Tauro (1304).

Andrónico le concedió el título de megaduque (comandante de la flota) y la mano de María, su sobrina e hija del zar de Bulgaria. Pero Roger no se conformó con aquella recompensa, ya que deseaba ser césar. Para evitarlo, Miguel IX, hijo de Andrónico, lo asesinó en Adrianópolis. Semejante felonía provocó que sus hombres llevaran a cabo una cadena de sangrientas represalias —la famosa «Venganza Catalana»— en Tracia y Macedonia.

**¿Concluyó con ese episodio la expansión aragonesa en el Mediterráneo?**

No. Pedro IV recuperó en 1349 el reino de Mallorca al arrebatárselo al rey Jaime III tras la batalla de Lluchmajor. A esas alturas, Aragón era la primera potencia mediterránea de Europa. Pero aún se extendería más ya en la España reunificada de los Reyes Católicos.

CAPÍTULO XXXVII

# Alfonso X el Sabio

*El período de expansión de las coronas de Castilla y Aragón tuvo también su paralelo en una enorme repercusión cultural. De hecho, puede afirmarse que en esa época se vivió el mayor esplendor cultural y artístico desde que la invasión islámica del siglo* VIII *aniquilara la floreciente cultura española. El paradigma de esa envidiable situación fue Alfonso X el Sabio.*

## ¿Continuó Alfonso X el Sabio la tarea de la Reconquista?

Alfonso era hijo de Fernando III el Santo y de Beatriz de Suabia, lo que tendría enormes consecuencias para su reinado. Por un lado, proseguiría con el esfuerzo reconquistador de su padre; pero, por otro, soñaría, sobre todo, con heredar el imperio alemán. Así, a Alfonso X se debería la conquista de plazas como Murcia e incluso, en 1260, la incursión sobre Rabat, que tomó y quemó. Sin embargo, nunca llegó a ser el monarca guerrero que fue su padre.

## ¿Por qué recibió el sobrenombre de sabio?

Porque fue un monarca que constituye un verdadero preludio del Renacimiento. Puede parecer increíble en la actualidad, pero Alfonso X fue poeta, jurista, gramático, astrónomo, traductor..., y todos esos cometidos los llevó a cabo de manera extraordinaria.

**¿Cuáles fueron los principales aportes culturales de su reinado?**

En economía, la creación de la Mesta (1273) y la repoblación de tierras reconquistadas a los musulmanes en Murcia y Baja Andalucía.

En derecho, llevó a cabo la unificación legislativa con el *Fuero Real* y las *Siete partidas*.

En el terreno de la Historia, fue responsable de dos obras de extraordinaria relevancia como fueron la *Estoria de España* —donde se percibe claramente una visión de España como nación fragmentada por la invasión islámica, pero que en ese momento luchaba para lograr su liberación y la unidad perdida— y la *Grande e general estoria*, destinada a explicar la Historia Universal.

En literatura, dejó las *Cantigas de Santa María* que demuestran hasta qué punto a pesar de que la lengua oficial era el castellano, éste podía convivir con el uso de alguna lengua minoritaria como el gallego.

En el área de la ciencia, Alfonso X nos legó el *Lapidario*, una obra relacionada con las propiedades de los minerales, y las *Tablas alfonsíes*. También resultó de especial relevancia el establecimiento de la Escuela de Traductores de Toledo, que se dedicó a traducir al castellano obras de referencia de distintas lenguas y así abrió el camino hacia el Renacimiento.

Y aquí debemos referirnos a un hecho de especial relevancia: la invención de la pólvora.

**¿Para fuegos reales o artificiales?**

Muy reales. La utilización de la pólvora constituyó una auténtica revolución cultural y militar en su momento. No suele conocerse, sin embargo, que su primera utilización en Occidente tuvo lugar, precisamente, en territorio español y en conexión con la Reconquista.

Se usó por primera vez en Niebla, una localidad de Huelva. Tras un asedio de nueve meses, Alfonso X tomó la ciudad en 1262. En el asedio, utilizó unos primitivos cañones.

**¿Qué más aportes culturales se deben a Alfonso X?**

Alfonso X también influyó en el terreno de la gramática al llevar a cabo la primera reforma ortográfica del castellano. Como ya hemos indicado, ésta era la lengua oficial del reino en detrimento del latín, que prevalecía en algún otro reino peninsular.

**¿Se puede comparar a Alfonso X con algún otro monarca de la época?**

Rotundamente no y resulta muy difícil a lo largo de la Historia universal encontrar a un personaje semejante.

CAPÍTULO XXXVIII

# La batalla del Estrecho (I): hasta la muerte de Fernando IV

*La labor reconquistadora de Fernando III y la gran obra cultural de su hijo Alfonso X se tradujeron en una época de enorme brillantez. Sin embargo, sobre semejantes logros se iba a cernir una terrible amenaza, la de una nueva invasión procedente del norte de África, la cuarta, la de los benimerines.*

**¿Quiénes eran los benimerines?**

Un nuevo grupo fundamentalista islámico que, en esta ocasión, sustituía a los almohades.

**¿Por qué invadieron España?**

Deseaban controlar el estrecho de Gibraltar y, de esa manera, el mar Mediterráneo. Como en otras invasiones anteriores, se combinaron las ambiciones de los invasores y la imprudencia de los que habitaban España. En este caso, el rey de Granada les ofreció dos plazas en la Península a cambio de que le proporcionaran ayuda contra los cristianos.

Como antaño Tarik, los almorávides o los almohades, los benimerines aceptaron la invitación, pero con intenciones que iban más allá de favorecer a los que les habían pedido ayuda. Así, en 1275, los benimerines ocuparon Tarifa y Algeciras, pero, acto seguido, desencadenaron una yihad o guerra santa islámica con Sevilla y Jaén como objetivos.

**¿Cuáles fueron los resultados de la llegada de los benimerines?**

Alfonso X reaccionó con energía ante aquella nueva invasión norteafricana y los obligó a retirarse. Sin embargo, se trató de un alivio pasajero. En 1285, el reino moro de Granada y los benimerines concluyeron el tratado de Marbella que entregaba a los segundos las bases de Tarifa, Ronda, Algeciras y Estepona.

**¿Respondieron los cristianos a esta amenaza?**

Por supuesto. Se trataba de una cuestión de supervivencia. La respuesta cristiana fue el pacto de Monteagudo (1291) suscrito entre Castilla (Fernando IV) y Aragón (Jaime II). Al año siguiente, Castilla, con ayuda aragonesa, recuperó Tarifa en una campaña en la que destacó Guzmán el Bueno.

**¿Quién era Guzmán el Bueno?**

Alonso de Guzmán, luego conocido como «Guzmán el Bueno», fue un hijo bastardo de don Pedro Núñez de Guzmán, nacido en León el 24 de enero de 1256. En abril de 1284 murió Alfonso X. Al año justo, Abu Yusuf y su hijo desembarcaron en Tarifa. Alonso de Guzmán, disgustado con el rey de Castilla, cruzó el Estrecho y se puso al servicio de Abu Yusuf para cobrar impuestos en Marruecos. En 1286, falleció Abu Yusuf y le sucedió su hijo Abu Yacub. Éste intentó librarse de los cristianos y, en especial, de don Alonso. Sin embargo, éste descubrió la treta que le tenía preparada consistente en tener que ir a cobrar impuestos con pocos hombres a una tribu, la cual sería recompensada por el monarca si mataban al de Guzmán. Para huir de ese riesgo, embarcó junto con sus hombres hacia la Península (1292). Una vez en Sevilla, presentó sus servicios al monarca castellano que los aceptó.

**¿Y por qué pasó a la Historia?**

Llegado junio de 1293 y ante la ausencia de caballeros, don Alonso envió una misiva al rey con la propuesta de convertirse en alcaide de Tarifa por menos salario. Según la crónica, sería de seiscientas veces mil maravedíes.

Alonso de Guzmán se convirtió en alcalde y entonces los musulmanes intentaron tomar la plaza por la fuerza. Sin embargo, tanto las defensas como los defensores resistieron todos los embates. Vista la imposibilidad de tomar Tarifa, los musulmanes maniataron a Pedro Alonso y, tras presentarlo ante su padre, amenazaron con degollarlo en su presencia. Sin embargo, sólo obtuvieron una negativa por respuesta:

> E don Alonso Pérez le dijo que la villa que gela non darie; que cuanto por la muerte de su fijo, que él le daria el cuchillo con que lo matase; é alazólez de encima del adarve un cuchillo, é dijo que ante quería que le matase aquel fijo é otros cinco si los toviese, que non darle la villa del Rey su señor, de que él ficiera omenaje.

El infante allí mismo lo degolló, mandó cortar su cabeza y la catapultó al castillo.

Guzmán había aceptado la muerte de su hijo antes que rendir la plaza cuya defensa tenía encomendada.

**¿Qué trascendencia tuvo esa acción de Guzmán el Bueno?**

Mucha. Los africanos se retiraron a África a principios de septiembre de 1294. A Abu Yacub ya sólo le quedaban Algeciras y Gibraltar, por lo que decidió venderlas a Granada y no volver nunca más a la Península, como así ocurrió.

**Sin embargo, los sucesores de Abu Yacub volvieron a atacar los reinos españoles...**

Sí, así fue. Los benimerines —conscientes de que la fuerza de los españoles estaba en la unión y la garantía de la derrota en su división— ofrecieron su alianza a Aragón a cambio de entregarles la Murcia que había reconquistado Castilla. Los acuerdos llegaron ciertamente a firmarse, pero quedaron, en última instancia, malogrados.

Finalmente, los benimerines dieron un golpe de Estado en Granada que derribó a Muhammad III y entronizó en su lugar a Ismail I. Fernando IV murió sin poder responder a aquel golpe y el Estrecho quedó a merced de los musulmanes. La batalla del Estrecho llegaba a su punto decisivo.

CAPÍTULO XXXIX

# La batalla del Estrecho (II): hasta la batalla del Salado

*En el capítulo anterior describimos el inicio de la amenaza de los benimerines. En éste, vamos a señalar cómo ésta quedó definitivamente conjurada.*

**¿Cómo era la situación de los benimerines a inicios del siglo XIV?**

Como ya señalamos, los benimerines dieron un golpe de Estado en Granada que derribó a Muhammad III y entronizó en su lugar a Ismail I.

Fernando IV murió en 1312 sin poder responder a aquella nueva agresión y el Estrecho quedó nuevamente a merced de los musulmanes. Que invadieran de nuevo España era tan sólo cuestión de tiempo.

Por cierto, el reinado de Fernando IV fue uno de los más tormentosos de la Baja Edad Media española. Pero además en él se produjo un suceso singular, el que le haría pasar a la Historia con el sobrenombre de «el Emplazado».

**¿Por qué se denominó a Fernando IV el Emplazado?**

La leyenda cuenta que Fernando IV sentía un gran

odio hacia dos rivales llamados Juan y Pedro Alfonso de Carvajal. De hecho, el rey pidió a su favorito Juan Alfonso de Benavides que los asesinara. Se produjo entonces una lucha en legítima defensa, pero como en el altercado murió el noble favorito del rey, éste mandó prender a los hermanos que fueron hallados y detenidos en la feria de Medina del Campo (Valladolid), cuando compraban los arreos para sus caballos.

El castigo consistió en encerrarles en una jaula en el castillo de Martos, muy cerca de la ciudad de Jaén, para despeñarlos a los pocos días por el precipicio.

Los hermanos Carvajal se habían declarado inocentes, pues la muerte del noble había sido en defensa propia y no por asesinato, así que en el momento de ir a morir lanzaron al aire su deseo de «emplazar» al rey a morir al cabo de un mes, en el caso de que ellos fueran realmente inocentes.

**¿Se cumplió el emplazamiento?**

El rey murió al mes justo de esta ejecución. Por esa razón se le conoce con el apodo de «el Emplazado».

**¿Existe una explicación para este hecho?**

No. O, por lo menos, la desconocemos y hay que reconocer que el episodio resulta sobrecogedor.

**Sin duda, pero volvamos a los benimerines. ¿Por qué decidieron intentar de nuevo la invasión de España?**

La situación era muy propicia: controlaban una base en Granada, Castilla se enfrentaba con problemas sucesorios, porque Alfonso XI era un niño y no resultaba claro si Aragón se opondría.

Durante los años sucesivos, los benimerines no dejaron de lanzar ataques desde Ceuta, y entre 1323 y 1325 estuvieron a punto de colapsar el sistema de seguridad de la frontera de Castilla con Granada.

**¿Cómo reaccionó Alfonso XI frente a la nueva amenaza de los benimerines?**

En primer lugar, intentó restaurar la alianza entre cristianos, y así, en 1328, concluyó con Aragón el acuerdo de Tarazona. Después atacó el reino de Granada y tomó las plazas de Ayamonte, Teba o Cañete. Pero aún quedaba por llegar el enfrentamiento decisivo.

El 30 de octubre de 1340, tuvo lugar la batalla del Salado. Se trató de una victoria castellana comparable a la de las Navas de Tolosa. Fue seguida en 1343 por otra victoria, esta vez a orillas del río Palmones, y en 1344 por la reconquista de Algeciras.

En 1350, la batalla del Estrecho podía darse por concluida y la Reconquista por cercana a su fin.

**Pero no fue así...**

No. Se retrasó siglo y medio, pero, como veremos, tan triste circunstancia se debió más a los problemas internos de Castilla y Aragón que a otra causa.

CAPÍTULO XL

# La crisis de las monarquías hispánicas (I): Castilla

*En las páginas anteriores, examinamos cómo la derrota de los benimerines podría haberse traducido en el final de la Reconquista y señalamos cómo si no fue así se debió a la crisis interna de las monarquías hispánicas. Para poder entenderla nos vamos a detener en este capítulo en la configuración de la monarquía castellana y haremos lo mismo después con la aragonesa.*

## ¿Cómo se fue forjando el modelo institucional de la Corona de Castilla?

Se fue forjando gracias a la Reconquista y a la repoblación en los términos establecidos en fueros. Esta circunstancia explica que Castilla poseyera un acento de libertad que llegaba incluso a las clases inferiores de la sociedad —los caballeros villanos— y que estuvo ausente en otras zonas de España.

La repoblación fue, en ocasiones, municipal siguiendo un modelo casi democrático; y en otras, señorial, especialmente al sur del Tajo. Este último modelo daría un poder a los nobles que crearía tensiones con el rey.

**¿Cuáles eran las instituciones más importantes?**

En primer lugar, la monarquía que tenía elementos de derecho divino, pero que no era una teocracia. De hecho, el rey gobernaba no sólo en la medida en que tenía derecho dinástico, sino en que además se ajustaba a ese derecho.

En segundo lugar, se encontraban las Cortes, un germen de parlamento que, como en el caso inglés, se relaciona con el derecho a autorizar o prohibir los gastos regios y también a defender los derechos de los súbditos.

**¿Cómo era el ordenamiento territorial de Castilla?**

La Corona de Castilla mantuvo la vigencia de sus reinos, es decir, León, Castilla, Galicia, Toledo, Extremadura, Sevilla, Córdoba, Jaén y Murcia. Sin embargo, tuvo una sola Corte regia y unas Cortes únicas para señalar la unidad de todos los reinos. Sí hubo dos Chancillerías —la de León y la de Castilla— y cuatro notarios: el de Castilla, el de León, el de Toledo y el de Andalucía.

**¿Tuvo otras instituciones centrales la Corona de Castilla?**

Sí. Fue el caso de la Audiencia (1371), el Consejo Real (1385) y la Casa de Cuentas.

**Has señalado que la Corona de Castilla conservó la identidad de sus reinos, ¿cómo logró entonces la igualdad de sus súbditos?**

Pues de la única manera que esto resulta posible, mediante la igualdad jurídica. Eso explica la importancia de las *Siete partidas* y del *Fuero Real* de Alfonso X el Sabio o la extensión del *Fuero de Sepúlveda,* de 1076, a todas las poblaciones nuevas.

Desde esta perspectiva, el reino Castilla era política, social y jurídicamente una entidad mucho más moderna y avanzada que Aragón o Navarra. Eso explica, por ejemplo, que protagonizara otros logros y que la universidad apareciera en esta corona.

**¿Dónde apareció la primera universidad española?**

La más antigua documentada es la de Palencia. A finales de 1218, Alfonso IX fundó el Studium Salmantino, actual Universidad de Salamanca. Alfonso X protegió el Estudio y le otorgó su estatuto en 1254 y, al año siguiente, obtuvo del papa Alejandro IV la validez universal de los títulos de Salamanca, salvo en Bolonia y París. Se trata de universidades más antiguas que las famosas de Oxford y Cambridge.

**¿Cómo era la organización social?**

Tras el rey se encontraban los nobles, los villanos-libres y los siervos. Sin embargo, la situación de los siervos era, posiblemente, la mejor de Europa.

Por debajo de éstos se hallaban los judíos —que disfrutaban del mejor trato de todos los reinos peninsulares, que pasaron por una época de oro y que contribuyeron al desarrollo de la administración— y los musulmanes o mudéjares.

**¿Cuál era el régimen económico?**

Tenían una especial importancia la agricultura, la

industria lanera que acabaría dando lugar a la Mesta y el comercio con los mercados del norte de Europa.

**¿Qué papel tenía la Iglesia católica?**

Muy considerable. Se reflejó en el estilo gótico y también en la literatura y en la universidad.

CAPÍTULO XLI

# La crisis de las monarquías hispánicas (II): Aragón

*En el capítulo anterior nos detuvimos en la configuración de la monarquía castellana, la más poderosa de España. En las páginas siguientes haremos lo mismo con la segunda corona, la de Aragón.*

**¿Cuáles eran las instituciones básicas de la Corona de Aragón?**

En primer lugar, la monarquía, que sufría una fuerte erosión de su autoridad por influencia de la nobleza —Pedro IV acabó con el Privilegio de la Unión— y que además aceptaba la ley sálica que excluía del trono a las mujeres.

Después se hallaba el justicia mayor de Aragón. Apoyado por los nobles como intérprete de los fueros y mediador con la monarquía. De hecho, su administración de justicia no era delegada del rey sino propia.

Las Cortes, a diferencia de las de Castilla, no eran únicas sino que existían las aragonesas (convocadas por primera vez por Alfonso II), las valencianas y las catalanas. Estaban representados en ellas el clero, la nobleza y el pueblo. Además había unas Cortes generales en que se juntaban las tres regiones y que se reunían en Monzón.

De especial interés era también la Diputación, una delegación de las Cortes que recaudaba y administraba los subsidios votados en su día.

**¿Cómo era la organización social?**

La típica del feudalismo: nobles, villanos-libres y siervos, pero en el caso de los siervos la situación era muy difícil, especialmente con los catalanes *payeses de remensa*. Todavía con Fernando el Católico pesaba sobre el derecho de pernada.

Por debajo de éstos se hallaban los judíos y los musulmanes o mudéjares.

**¿Cuál era el régimen económico?**

Tenían una especial importancia la agricultura aragonesa, la agricultura y la industria valencianas y el comercio catalán que dio lugar al Consejo de Ciento y al Consulado del Mar.

**¿Qué papel tenía la Iglesia católica?**

Muy considerable. Se reflejó en los estilos gótico y mudéjar. Con todo, debe señalarse que el Renacimiento valenciano —el primero del mundo— no fue propiamente eclesial.

También tuvo importancia en la universidad, que es considerablemente posterior en el tiempo a la de Castilla, pero importante.

**Por cierto, ya que estamos hablando de Aragón, ¿cuál es el origen del escudo de las cuatro barras?**

Durante las últimas décadas se ha convertido en caballo de batalla la cuestión del origen del escudo de las cuatro barras. Para los nacionalistas catalanes, se trataría de un estandarte catalán que incluso vendría a probar la hegemonía catalana sobre la Corona de Aragón. La Historia real es muy diferente.

Fluviá ha insistido en buscarle un origen catalán (antes de la existencia de Cataluña), pero esa tesis resulta inaceptable.

Su origen deriva del viaje de Sancho Ramírez (1064-1094) a Roma en 1068 para consolidar el joven reino de Aragón ofreciéndose en vasallaje al papa. Se trata de un vasallaje documentado incluso en la cuantía del tributo de 600 marcos de oro al año. De ahí que se haya aducido que Alfonso II, conocedor de ese viaje, tomara como emblema del vínculo de vasallaje las conocidas barras rojas y oro, inspirado en los colores propios de la Santa Sede, que eran bien conocidos y están bien documentados en las cintas de lemnisco de los sellos de la Santa Sede, y son visibles hoy todavía en la *umbrella Vaticana*.

No extraña que el mismo padre Ribera —historiador del siglo XVII— diga que en el siglo XIII, el de Jaime I, los catalanes las denominaban de Aragón (no de Barcelona o de Cataluña).

CAPÍTULO XLII

# La crisis de las monarquías hispánicas (III): Castilla y la Casa de Trastámara

*Unos capítulos atrás nos referimos a Alfonso XI y a su papel esencial en la batalla del Estrecho. En apariencia, Castilla estaba cerca del final de la Reconquista, sin embargo, en su lugar se produjeron el inicio de la crisis de la corona castellana y la entronización de la dinastía Trastámara.*

**¿Cuál era el panorama de Castilla a la muerte de Alfonso XI?**

Dinásticamente, era muy complicado. Había un heredero menor que era Pedro, hijo de María de Portugal, y diez bastardos —los Trastámara— nacidos de su relación con la sevillana Leonor de Guzmán.

**Vamos a detenernos un momento en Pedro. En realidad, ¿fue tan cruel como pretendieron sus adversarios?**

Pues depende de cómo se mire. Por ejemplo, no fue un antisemita furibundo y cruel como Enrique de Trastámara. También fue magnánimo con Enrique y sus hermanos cuando se sublevaron contra él.

De hecho, aunque los cronistas contemporáneos lo calificaron de «Cruel», en los siglos XVII y XVIII aparecieron defensores, e incluso apologistas, que lo denominaron «el Justiciero». Fue el caso del conde de la Roca y del catedrático José Ledo del Pozo.

Desde luego, sobre Pedro se tejieron graves acusaciones. En primer lugar, están las vinculadas con su vida privada, ya que mantuvo una relación amorosa con María de Padilla paralela al matrimonio con Blanca de Borbón. Por si fuera poco, luego contrajo un matrimonio ulterior con Juana de Castro.

A éstas hay que añadir las relacionadas con la teología —se le consideraba amigo de moros y judíos— y con su crueldad. No todas las muertes ordenadas por el rey Pedro pueden juzgarse iguales. Algunas tuvieron explicación dentro de los valores de la época. Ése sería el caso de Alfonso Fernández Coronel al que dio muerte en 1353 por rebeldía; de Juan Alfonso de la Cerda en 1357; de su hermano Fadrique en 1358 y, poco después, de don Juan, infante de Aragón, hijo de Pedro IV. Intolerable resulta, sin embargo, que Pedro I, para vengarse del infante don Fernando, diera muerte a su madre, la reina viuda doña Leonor, o que, por odio a don Tello, ordenara asesinar a su esposa Juana de Lara; o que poco después dispusiera que envenenaran a Isabel de Lara, viuda del infante don Juan.

**Sigamos con el enfrentamiento dinástico. ¿Tenían algún derecho legítimo los Trastámara a la Corona de Castilla?**

No, pero sí existía una innegable ambición de reinar.

**¿Qué partidarios tenía cada bando?**

El conflicto resulta muy interesante porque se produjo en un plano nacional e internacional. En el plano nacional, Pedro contaba con el respaldo de las ciudades y los Trastámara con el de los nobles que deseaban dominar al rey, como fue el caso de Alfonso Fernández Coronel o de Albuquerque; o con el de los resentidos que vieron una válvula de escape en el antisemitismo que utilizó muy hábilmente Enrique de Trastámara.

En el plano internacional, Castilla se vio inmersa en la guerra de los Cien Años librada entre Inglaterra y Francia. Mientras que Inglaterra apoyaba a Pedro y envió en su ayuda al famoso Príncipe Negro, hijo de Eduardo III, Enrique fue apoyado por Aragón y Francia.

**¿Cómo concluyó el enfrentamiento?**

Hasta la batalla de Nájera en que fueron derrotadas las compañías blancas de Beltrán Duguesclin por Pedro I y el Príncipe Negro, la victoria era regia. Pero al negarse Pedro a entregar unos puertos, en el Cantábrico, a los ingleses, éstos le retiraron su ayuda y, finalmente, fue derrotado y muerto en los campos de Montiel. De esa manera, quedaba consagrado un modelo regio en el que los nobles controlaban la monarquía y la Reconquista quedaba paralizada.

CAPÍTULO XLIII

# La crisis de las monarquías hispánicas (IV): Aragón y la Casa de Trastámara

*Mientras Castilla se veía sacudida por conflictos dinásticos, Aragón sufría una suerte parecida. De manera bien significativa, también Aragón acabaría siendo gobernado por un monarca de la dinastía Trastámara.*

## ¿Cuál era el panorama de Aragón durante la segunda mitad del siglo XIV?

Pedro IV el Ceremonioso fue un monarca fuerte que intervino en la política interna de Castilla apoyando a Enrique de Trastámara y que acabó con los privilegios de la Unión de Nobles (1348). En 1358, creó la Generalidad catalana.

Le sucedió Juan I, que murió en una cacería y que tuvo un reinado breve y desordenado (1387-1396).

Segundo hijo de Pedro IV, Martín el Humano había ascendido al trono de Sicilia en 1380 y en 1396 sucedió a su hermano Juan I. A la sazón, todavía se hallaba luchando con la nobleza siciliana para imponerse en la isla y se vio obligado a dejar como regente a su esposa María de Luna y marchar a recibir la Corona de Aragón.

Consciente de la importancia que tenía contener la amenaza islámica, lanzó dos cruzadas contra el norte de África (1398 y 1399). También logró someter a Cerdeña, expulsando en 1409 a los genoveses.

Con todo, el mayor conflicto con el que tuvo que enfrentarse Martín I fue el derivado del Cisma de Occidente. En el curso de este episodio existieron a la vez dos papas —uno en Aviñón y otro en Roma— que se anatematizaban entre sí. Martín I apoyó como papa a Benedicto XIII, el famoso papa Luna, hasta el punto de prestarle ayuda militar y de ofrecerle refugio en territorio de la Corona de Aragón.

En 1410, Martín I falleció sin dejar descendencia y sumiendo a Aragón en un grave conflicto dinástico.

**¿No tuvo hijos el rey aragonés? ¿Qué problema sucesorio planteaba la muerte de Martín el Humano?**

Martín I tuvo de la reina cuatro hijos (Martín, Jaime, Juan y Margarita), pero todos murieron antes que él; y de un segundo matrimonio con Margarita de Prados no nacieron nuevos vástagos.

El problema sucesorio quizá habría podido solucionarse si la corona hubiera recaído en Fadrique, su hijo bastardo, o si Martín I hubiera designado a un sucesor. Sin embargo, el rey se negó a hacerlo y se produjo un interregno de dos años.

**¿Cómo se solucionó el conflicto sucesorio?**

La muerte sin sucesión de Martín el Humano abocaba a Aragón a un conflicto sucesorio que podría haber desgarrado la corona. Si no fue así se debió al llamado

Compromiso de Caspe en el que tuvo un papel extraordinario Vicente Ferrer.

Los candidatos a la sucesión fueron los siguientes:

- Fadrique de Aragón, conde de Luna y nieto bastardo de Martín I de Sicilia;
- Jaime II, conde de Urgel, bisnieto, por línea masculina, de Alfonso IV de Aragón;
- Alfonso, duque de Gandía, nieto, por línea masculina, de Jaime II de Aragón;
- Luis, duque de Calabria, nieto, por su madre Violante, de Juan I de Aragón, y
- Fernando de Trastámara, llamado «el de Antequera», infante de Castilla, nieto, por su madre Leonor, de Pedro IV de Aragón.

Para solventar el conflicto, los representantes de las cortes aragonesas se reunieron y el 15 de febrero de 1412 llegaron a la denominada Concordia de Alcañiz. En virtud de la misma, se nombraron nueve compromisarios que, reunidos en la localidad aragonesa de Caspe, debían decidir qué pretendiente tenía más derecho.

**¿Quiénes fueron los compromisarios?**

Los compromisarios fueron Domingo Ram, obispo de Huesca; Francisco de Aranda, antiguo consejero real y enviado del papa Luna; Berenguer de Bardají, jurista y letrado general de las cortes de Aragón; Pedro de Sagarraga, arzobispo de Tarragona; Bernardo de Gualbes, síndico y consejero de Barcelona, Guillem de Vallseca, letrado general de las cortes catalanas; Bonifacio Ferrer, prior de la cartuja de Portaceli; Vicente Ferrer, dominico valenciano, y Pedro Beltrán, que sustituyó a Ginés Rabassa, ciudadano de Valencia experto en derecho.

El 24 de junio se procedió a la votación. Mientras que los representantes de los catalanes se mostraban indecisos, los aragoneses y los valencianos optaron por Fernando de Antequera que, ciertamente, era el que tenía más derecho y además podía abrir el camino para la reunificación definitiva de España a través de la unión de las coronas de Castilla y Aragón. De enorme relevancia en la decisión final fue, desde luego, la opinión de Vicente Ferrer.

El 28 de junio de 1412, el infante castellano Fernando de Trastámara fue proclamado rey como Fernando I de Aragón por los tres compromisarios aragoneses, los dos eclesiásticos valencianos y el catalán Bernardo de Gualbes.

**¿Qué consecuencias tuvo la solución planteada en el Compromiso de Caspe?**

Por supuesto, la solución de un grave problema dinástico, pero también —como ya hemos señalado— la apertura de las puertas a la reunificación con Castilla.

Los Trastámara tendrían una notable importancia en la Historia posterior de Aragón. A Fernando de Antequera le sucedió Alfonso V —que conquistó el reino de Nápoles— y a éste Juan II, que, a su vez, sería sucedido por Fernando II, el monarca que contraería matrimonio con Isabel I de Castilla y que llevaría a cabo la restauración de la unidad nacional quebrada por la invasión islámica del s. VIII.

CAPÍTULO XLIV

# La crisis de las monarquías hispánicas (V): Enrique IV el Impotente

*Los primeros monarcas Trastámara que reinaron en Castilla manifestaron una lamentable tendencia a depender de la nobleza para gobernar y a desaprovechar oportunidades históricas. Ese proceso de decadencia culminaría con la figura trágica de Enrique IV el Impotente.*

**¿Cuáles fueron los descendientes de Enrique II el de las Mercedes?**

En primer lugar, Juan I. Casado con doña Beatriz de Portugal, aspiró a la corona portuguesa, pero la peste y la derrota de Aljubarrota le impidieron alcanzar sus propósitos. De esa manera, Portugal seguiría un desarrollo posterior como nación independiente de España hasta el reinado de Felipe II en el siglo XVI. Su hijo Enrique se casó con Catalina de Lancaster y fue el primer príncipe de Asturias.

Enrique III el Doliente fue un monarca mediocre, pero durante su reinado Juan de Bethencourt conquistó cuatro de las islas Canarias (1402) que se vieron incorporadas a la Corona de Castilla. A Enrique III le sucedió Juan II.

Entregado a la poesía y a otras diversiones, Juan II se vio dominado por su valido don Álvaro de Luna. Este personaje notable intentó controlar a la nobleza levantisca, pero, al final, cayó y acabó decapitado por influencia de Isabel de Portugal. De manera bien significativa, quizá el aspecto más relevante de Juan II resulte que fue el padre de la futura Isabel la Católica y del príncipe Alfonso.

**¿Qué ocasiones históricas se perdieron durante esos reinados?**

Fundamentalmente, tres. La primera, la posibilidad de reunificación con Portugal. Ese fracaso se saldó no sólo con la separación sino también con el hecho de que Portugal intentó invadir Castilla varias veces.

La segunda fue la interrupción de la Reconquista que había quedado casi concluida con Fernando III, pero que ahora se vio paralizada.

La tercera fue la de la creación de una monarquía fuerte e independiente de la nobleza como había sucedido, por ejemplo, en Francia.

**¿Por qué se produjo una crisis dinástica con Enrique IV?**

Enrique IV fue un personaje verdaderamente trágico. Controlado por el aristócrata homosexual Juan Pacheco, su reinado fue un ejemplo de mal gobierno.

**Han corrido ríos de tinta sobre la naturaleza del mal que aquejó a Enrique IV. Para algunos, se trataba de impotencia; para otros era simple homosexualidad. Pero en realidad, ¿qué enfermedad marcó la vida de Enrique IV?**

Las noticias que nos suministran las fuentes referentes a ese período del reinado nos muestran a un hombre que gustaba cada vez más de aislarse para dedicarse a la caza, que se apartó totalmente de las relaciones con mujeres y que se entregó sin apenas rebozo a la práctica de la homosexualidad. Sabemos así por distintos cronistas que aparte de su relación inicial con Pacheco, Enrique IV mantuvo trato homosexual con distintas personas. Una de ellas fue Gómez de Cáceres, que aprovechó la torpeza del rey para escalar puestos en la corte a pesar de su carencia total de méritos. Algo similar podría haber sucedido con Francisco Valdés, pero éste acabó huyendo de la corte ya que no deseaba entregarse a los apetitos del monarca. Pagó Valdés cara su resistencia, porque por orden regia fue recluido en una prisión adonde iba a visitarle el rey con cierta frecuencia para reprocharle, según Palencia, «su dureza de corazón y su ingrata esquivez».

Un destino similar fue el sufrido por Miguel de Lucas, futuro condestable, que tampoco se sometió a los deseos del rey por sus creencias religiosas y se vio obligado a huir al reino de Valencia.

Más afortunado fue Enrique IV con Alonso de Herrera —al que capturaron una noche pensando que era el rey, dado que yacía en su cama— quizá con el mismo Beltrán de la Cueva y con algunos de los moros que aparecían por la corte castellana.

A todo lo anteriormente descrito, Enrique IV añadía un gusto por lo extravagante —incluso lo monstruoso— y una tendencia patológica a inducir a sus esposas a cometer adulterio.

**No cabe duda de que tan caótica vida privada explica sobradamente el reinado errático de Enrique IV, su debilidad y, finalmente, su fracaso en una época de enorme relevancia. Sin embargo, ¿a qué obedecían estos comportamientos?**

El diagnóstico de Marañón —posiblemente el que mejor ha estudiado las enfermedades de Enrique IV— apunta a una displasia eunucoide ligada a la acromegalia y a la homosexualidad. En otras palabras, Enrique IV no fue totalmente impotente. Padecía una debilidad sexual que se tradujo no pocas veces en impotencia, pero que, en otros casos, quizá le permitió mantener relaciones sexuales completas. Esa falta de secreción sexual provoca en no pocas ocasiones una actividad de la hipófisis que se traduce en la acromegalia que podía apreciarse en Enrique y que reunía manifestaciones como la estatura elevada, la longitud extraordinaria de las piernas, la dimensión exageradamente grande de las manos y de los pies y el encorvamiento con el que caminaba.

A esa debilidad sexual se sumó —posiblemente en la niñez, con seguridad tras su segundo matrimonio— un tipo de inclinación homosexual bastante frecuente precisamente en varones hiposexuados. Que la misma nació en la pubertad parece fuera de duda, ya que, como señalaría Marañón, «en ella, por razones orgánicas y psicológicas bien conocidas, se puede invertir el instinto sexual, aun en muchachos de apariencia y tendencia normales».

**¿Y cómo fue la vida conyugal del rey?**

Mal. Enrique IV se casó con Blanca de Navarra que era hija de Juan II de Aragón. Sin embargo, no tuvo descendencia, lo que le llevó a contraer un nuevo matrimonio con Juana de Portugal, madre de Juana la Beltraneja, llamada así porque era considerada hija de don Beltrán de la Cueva. Que fuera hija o no de ese valido del rey es discutible, que no era hija del rey es indudable, porque la reina quedó encinta en una época en que los cónyuges estaban separados. Por eso no sorprende que los nobles exigieran el nombramiento de su hermano Alfonso como sucesor excluyendo a doña Juana.

Enrique IV aceptó, pero luego, seguramente pensando en la posición en que la reina y él quedaban, nombró heredera a Juana la Beltraneja. La reacción de la nobleza fue fulminante. En la Farsa de Ávila, el monarca en efigie fue destronado y proclamado en su lugar Alfonso. Éste murió al comer una trucha empanada y los nobles ofrecieron entonces la corona a Isabel. La futura Reina Católica podía haber dado entonces un golpe de Estado, pero, en la entrevista de los Toros de Guisando, prefirió llegar a un acuerdo con Enrique IV para sucederlo sin quebrantos de la legalidad. Aparentemente, todo estaba resuelto, pero, en realidad, la guerra civil estaba servida al morir Enrique IV en 1474.

**¿Qué significó el reinado de Enrique IV?**

Varias cosas y ninguna buena. Implicó una detención de la Reconquista, el retraso de la modernidad, el aliento para la agresividad portuguesa y la crisis de una monarquía controlada por los nobles.

CAPÍTULO XLV

# El reinado de los Reyes Católicos (I): la guerra civil

*Tras la entrevista de los Toros de Guisando, las previsiones a la muerte de Enrique IV el Impotente eran las de una transición pacífica hacia el reinado de su hermana Isabel. Sin embargo, los acontecimientos se desarrollaron de otra manera hasta degenerar en una guerra civil. A ese tema dedicaremos este capítulo.*

**¿Cuál era la situación política en la Península a la muerte de Enrique IV el Impotente?**

El 12 de diciembre de 1474 murió Enrique IV. En esos momentos, la situación de los reinos peninsulares resultaba extraordinariamente interesante.

En Castilla, Isabel —que se había casado en 1469 con Fernando de Aragón— fue proclamada reina, aunque una parte de la nobleza apoyara a Juana la Beltraneja pensando que una reina débil les sería conveniente para sus propósitos.

En Aragón reinaba Juan II, al que debía suceder su hijo Fernando, que se había casado con Isabel de Castilla abriendo así la puerta a la reunificación de España.

En Navarra era reina doña Leonor, hermanastra de Fernando de Aragón, lo que podía conducir también a la reunificación.

A todo lo anterior hay que añadir que en, Granada, Muley Hacén llevaba tiempo negándose a pagar tributo a Castilla y tentando la posibilidad de una nueva guerra; y que en Portugal reinaba Alfonso V, que estaba casado con Juana la Beltraneja y soñaba con apoderarse de Castilla.

**¿Internamente, cuál era la situación en Castilla?**

Distaba mucho de ser buena. La nobleza era fuerte y la economía, débil. Además existía un considerable problema de inseguridad pública al que se sumaron enseguida el desorden regional —que ya existía— y una guerra civil en contra de la legitimidad de Isabel.

**Vamos a abordar el tema de la guerra civil, pero antes quizá sería conveniente que pudieras comentar cómo Isabel de Castilla acabó casándose con Fernando de Aragón. Por ejemplo, la princesa Isabel de Castilla tuvo varios pretendientes que la convirtieron en el centro de una vorágine de intrigas nacionales e internacionales. ¿Cuáles fueron los pretendientes más importantes de Isabel?**

No fueron pocos, desde luego. En primer lugar, estuvo, en la época en que combatían Enrique IV y Alfonso, don Pedro Girón, maestre de Alcántara y hermano del marqués de Villena, que pretendía a cambio del enlace conseguir que se llegara a la paz entre las partes. A la sazón es posible que Isabel no hubiera podido evitar el enlace, pero el pretendiente murió en 1468 cuando se dirigía a tomar a la princesa por las buenas o por las malas.

Luego vino cuando don Alonso de Portugal —que, por la edad, podría haber sido su padre— envió una embajada a Enrique IV para que le entregara a Isabel. La princesa no deseaba aquel enlace y Enrique IV pensó en recluirla en el alcázar de Madrid para obligarla a ceder, pero, finalmente, fue salvada por el arzobispo de Toledo y la embajada no tuvo otra salida que regresar a Portugal con las manos vacías.

Finalmente, hay que mencionar a Luis XI de Francia, que quiso casarla con su hermano el duque de Berry.

**¿A qué aspiraban los pretendientes?**

Fundamentalmente, a aprovecharse de la princesa para cumplir con sus ambiciones, que eran, de una u otra manera, apoderarse del gobierno de Castilla.

**¿Por qué fracasaron estos proyectos?**

No es fácil de explicar porque, ciertamente, en alguno de los casos su triunfo parecía inevitable. Sea como fuere, lo cierto es que este conjunto de episodios creó en los seguidores de Isabel un sentimiento de que la Providencia la defendía de cualquier peligro, como pasó también cuando murió su hermano Alfonso y a ella no le sucedió nada. Puede comprenderse además que cuando, finalmente y en contra de los deseos de Enrique IV, pudo contraer matrimonio con Fernando de Aragón esa sensación providencialista aumentara impregnando todo el proyecto de reunificación de España.

**¿Por qué se produjo la guerra civil?**

Por razones obvias y negativas para Castilla: por el deseo de mantenerla dividida en banderías y por ambiciones personales de los nobles y del rey de Portugal que pensaban sacar beneficio de esa situación.

**¿Cuál fue el desarrollo de la guerra civil?**

Isabel obtuvo las victorias de Toro (1476) y Albuera (1479), siendo esta última seguida por la anulación papal de la dispensa otorgada a Alfonso de Portugal para casarse con Juana la Beltraneja. En 1479, el mismo año en que Fernando heredó la Corona de Aragón, se concluyó la paz de Trujillo.

**¿Cómo terminó la guerra y con qué consecuencias?**

Con una innegable victoria de Isabel. Alfonso V de Portugal renunció a sus pretensiones y Juana la Beltraneja fue llevada al convento de Santa Clara en Coimbra.

CAPÍTULO XLVI

# El reinado de los Reyes Católicos (II): el orden interior

*El final de la guerra civil abrió para Isabel y Fernando un universo de posibilidades políticas. Sin embargo, antes de acometer cualquiera de ellas, resultaba obligado establecer el orden interior que la desidia y el mal gobierno habían erosionado terriblemente durante los reinados anteriores.*

**¿Qué aspectos internos fundamentales intentaron reestructurar Isabel y Fernando?**

Fundamentalmente, tres. En primer lugar, controlar a una nobleza levantisca que sólo buscaba el triunfo de sus intereses a costa del bienestar del reino; en segundo lugar, restaurar el orden público que se veía alterado no sólo por la ausencia de poder central sino, especialmente, por las banderías locales; y, finalmente, reformar la administración para que la tarea de la gobernación fuera lo mejor posible. Todo ello implicaba desde el inicio fijar con exactitud los límites de gobierno que tendrían los monarcas en una España reunificada. Ése fue el cometido de la Concordia de Segovia de 1475.

**¿Qué se estableció en la Concordia de Segovia?**

Se estableció una igualdad de ambos monarcas en justicia, moneda y privilegios, pero Isabel se reservó la competencia exclusiva en tenedores de Castilla y Hacienda. Sabido es que el símbolo de la unión de esos reinos fueron el yugo y las flechas.

**Para muchos españoles, el yugo y las flechas han quedado vinculados a Falange o, al menos, al franquismo. ¿Cuáles fueron las razones de este símbolo y por qué volvió a ser utilizado en el siglo XX? ¿Por qué se escogieron el yugo y las flechas?**

Lo propuso Nebrija. Se trataba de una simbología de origen virgiliano ya que el yugo aparece en las *Geórgicas* y las flechas en la *Eneida*. Además permitía jugar con las iniciales de los reyes con la F de flechas y de Fernando y la Y de yugo e Ysabel.

**¿Quién fue el primero en pensar en su reutilización?**

Pues, aunque pueda resultar sorprendente, fue, en 1924, el socialista Fernando de los Ríos. Pronto fue seguido por otros. En 1927, Sánchez Mazas lo citó en una conferencia en Santander y en 1931, sucedió lo mismo con Onésimo Redondo.

**¿Por qué lo escogió la Falange?**

En 1933, lo escogió José Antonio Primo de Rivera por influencia de Sánchez Mazas y como referencia a las glorias pasadas.

**Sigamos con los Reyes Católicos, ¿cuál fue la política que siguieron de cara a la nobleza?**

En primer lugar, el Consejo Real (1480) otorgó un papel a los letrados, a fin de cuentas expertos en leyes, por encima de nobles. Además la corona asumió el control de las órdenes militares y el nombramiento de los corregidores. El poder local fue asumido así por los reyes con la colaboración de expertos, superando así el poder de los nobles.

Esto se tradujo además en claras manifestaciones del poder regio, como el desmochar las torres de los nobles levantiscos o la Sentencia Arbitral de Guadalupe de 1468 que suprimió los malos usos en Cataluña, una región española especialmente atrasada en el respeto de las libertades a consecuencia de la persistencia de los comportamientos feudales.

**¿Por qué se estableció la Santa Hermandad?**

Como una manifestación más del deseo de imponer la ley y el orden. Establecida en 1476 en las Cortes de Madrigal, se trataba de una fuerza encargada de defender el orden público. Significó un avance revolucionario ya que se trató del primer cuerpo de policía de Europa.

Dos años después, la Inquisición, establecida ya en el siglo XIII en Aragón, se extendió a Castilla.

CAPÍTULO XLVII

# El reinado de los Reyes Católicos (III): la reconquista de Granada

*El final de la guerra civil y el restablecimiento del orden interno abrieron para Isabel y Fernando la posibilidad de consumar una tarea que había llevado a los españoles casi ocho siglos. Se trataba de concluir la liberación del suelo peninsular invadido por los musulmanes.*

**¿Qué provocó la guerra de Granada?**

Pues, en contra de lo que suele afirmarse, no se debió al maquiavelismo de los Reyes Católicos. La razón estuvo en la negativa de Muley Hacén de pagar el tributo que abonaban los reyes moros de Granada a Castilla desde el reinado de Fernando III el Santo. A ese impago sumaron los musulmanes el traicionero ataque contra Zahara. Resultaba obvio que los Reyes Católicos no podían tolerar aquellas dos agresiones y la guerra resultó inevitable.

**¿Cuáles fueron las fases principales de la guerra de Granada?**

La respuesta castellana a la toma de Zahara fue desencadenar una operación que permitió al marqués de Cádiz conquistar Alhama. A partir de ese momento, la guerra fue un hecho.

Tuvo tres fases:

La primera duró diez años y se desarrolló fundamentalmente en la región occidental del reino de Granada, recuperándose Ronda, Loja y Málaga.

La segunda se desarrolló en la región oriental tomándose Baza, Guadix y Almería. En 1482, en medio de sangrientas luchas intestinas en el seno del reino de Granada de zegríes y abencerrajes, Boabdil se convirtió en rey. Capturado en Lucena en 1483, los Reyes Católicos lo pusieron en libertad en 1486 para evitar que su tío el Zagal fuera rey de Granada.

**¿Quiénes eran los zegríes y los abencerrajes?**

Como hemos tenido ocasión de ver en diferentes momentos, el dominio islámico en España estuvo caracterizado desde sus inicios por una tendencia a las guerras civiles. Semejante nota trágica estuvo también presente en la Historia del reino de Granada donde se puso de manifiesto en dos partidos bien definidos: los zegríes y los abencerrajes.

En el caso del reino de Granada, el único período de florecimiento fue el del sultanato de Muhammad V (1354-1359 y 1362-1391). Este rey moro logró, por ejemplo, recuperar el trono gracias a que recibió la ayuda de Castilla, una Castilla a la que pagaba unos tributos conocidos como parias. Sin embargo, a partir de su muerte, y durante casi todo el siglo xv, Granada se vio sacudida por las luchas entre abencerrajes y zegríes. Para que nos hagamos idea de lo que esto significó, puede recordarse que Muhammad IX el Zurdo ocupó el poder en cuatro ocasiones distintas (1419-1427, 1430-1431, 1432-1445 y 1448-1453).

Los zegríes apoyaron a Muley Hacén (1463-1482), que decidió ir a la guerra contra Castilla y, de la misma manera, en 1482, Boabdil se hizo con el cetro con la ayuda de los abencerrajes. Por cierto, que las razones de ese apoyo resultan notables. Lo respaldaron porque su padre Muley Hacén había abandonado a su esposa Fátima para irse con la esclava cristiana Isabel de Solís a la que los moros llamaban Soraya.

**¿En qué medida sus enfrentamientos fueron decisivos para la pérdida de Granada por los musulmanes?**

Debilitaron su capacidad de resistencia, pero no fueron decisivos para la derrota.

**¿Hubiera sido reconquistada Granada sin esas luchas intestinas?**

Sí. Sin duda. Si te parece, pasemos a la tercera fase de esa guerra de Granada. Esa fase se inició porque Boabdil debería haber respetado la situación de paz especialmente si se tiene en cuenta que era, legalmente, vasallo de Castilla. Sin embargo, optó por la guerra. Esta vez, Granada y las Alpujarras quedaron entre dos fuegos y la ciudad fue sitiada en la primavera de 1491 talándose su vega. En el curso del asedio, fue quemado el campamento cristiano e Isabel ordenó la construcción de uno definitivo que fue Santa Fe.

Finalmente, el 2 de enero de 1492, aprovechando unas generosísimas condiciones de capitulación, Boabdil entregó las llaves de la ciudad a los Reyes Católicos. La Reconquista —la titánica lucha de liberación nacional frente a los temibles ocupantes islámicos— había concluido.

**¿Cuáles fueron los términos de la rendición del rey Boabdil?**

Como ya he señalado, resultaron muy generosos. Se permitía la práctica del islam y además se otorgaban tierras a Boabdil como señor de las Alpujarras. Sin embargo, el derrotado rey moro prefirió marcharse a Fez, donde murió.

CAPÍTULO XLVIII

# El reinado de los Reyes Católicos (IV): la expulsión de los judíos

*El final de la Reconquista, en 1492, estuvo vinculado a otros dos hechos de enorme relevancia: la expulsión de los judíos y el descubrimiento de América. Examinaremos el primer episodio en este capítulo y el segundo en el siguiente.*

## ¿Qué provocó la expulsión de los judíos?

No se puede hablar de una sola causa. En primer lugar, debe señalarse que la situación de los judíos había sido muy difícil desde las matanzas de 1391, que comenzaron en Sevilla y se extendieron como una mancha de sangre por toda España sin tener en cuenta la división en reinos. Ese episodio se tradujo en la aniquilación de no pocas juderías y en la decadencia creciente de las restantes. Por si fuera poco, ocasionó el problema converso. Millares de judíos abrazaron el catolicismo, en 1391, para escapar de la muerte, y en las décadas siguientes no fueron pocos los que optaron también por la conversión por razones de interés o de medro. Dado que también se produjeron conversiones sinceras, que hubo judíos que desearon volver a su religión pasado el peligro y que, en uno y otro caso, se deseaba mantener la relación con las familias, no resultaba fácil saber en muchos casos si los nuevos conversos eran católicos sinceros o católicos formales que incurrían en el pecado de apostasía. Naturalmente, se podía objetar que semejante problema se debía al hecho vergonzoso de haber obligado a miles de judíos a recibir el bautismo y que no se podía culpar a éstos por desear salvar la vida. Sin embargo, esa consideración, obligada por otra parte, no solventaba los problemas existentes. A decir verdad, éstos fueron aumentando con el paso de los años.

**¿En qué sentido?**

De entrada, fracasó la Inquisición, instaurada desde 1479. Sus intenciones podrían ser tan nobles como las de preservar la pureza espiritual del pueblo católico, pero sólo logró añadir dolor y represión a una situación ya especialmente delicada.

En un intento de superar esa situación, se inició una denominada política de reconciliación con los judíos, incluida en el edicto de 1481, que ofrecía a los que hubieran regresado a la fe de sus padres el reintegrarse plenamente en el catolicismo acogiéndose a la penitencia. Ni que decir tiene que semejante vía fue aprovechada por pocos que, aflojada en parte la presión, sólo deseaban practicar su judaísmo en paz.

Todo se complicó aún más cuando, en 1485, el inquisidor aragonés Pedro de Arbués fue asesinado por unos judíos. Arbués fue canonizado como mártir, pero la represión que se desencadenó sobre los judíos de Aragón resultó extraordinaria; y, por si todo lo anterior, fuera poco, en 1490, tuvo lugar el caso del Niño de la Guardia.

**¿Qué fue el caso del Niño de la Guardia?**

Un tristísimo episodio de acusación de crimen ritual. Durante la Edad Media y hasta inicios del siglo XX, se multiplicaron los bulos de que había judíos que sacrificaban niños para burlarse de la muerte de Jesús y utilizar su sangre en ritos sacrílegos. A día de hoy, sabemos que semejante acusación no se corresponde con la realidad. Por supuesto, históricamente, ha podido haber cristianos asesinados por judíos, pero por razones extrapolables a cualquier cultura y no por causas rituales.

En el caso del Niño de la Guardia, la criatura nunca apareció y es más que dudoso que llegara a existir, pero hubo una serie de judíos que confesaron el crimen bajo tormento y la sentencia fue ejecutada en noviembre de 1491. Para muchos españoles, aquel proceso constituyó una prueba de que los judíos eran una amenaza real que debía ser extirpada de España. Desde mi punto de vista, se trató de un hecho decisivo que marcó la cuenta atrás para la expulsión total.

**¿Cuáles fueron las dimensiones reales de la expulsión?**

En primer lugar, hay que decir que la expulsión total de 1492 vino precedida por otras parciales. Por ejemplo, en 1483 se aceptó la expulsión de los judíos de algunas zonas de Andalucía y, en 1485, de Zaragoza y Albarracín.

Finalmente, la presión eclesial y los sentimientos antisemitas del pueblo llevaron a los reyes a no sobrenadar por encima de la marea antisemita sino a encauzarla mediante el Decreto de Expulsión. El 31 de marzo de 1492, ordenaron que salieran de España antes del 31 de julio. En su conjunto, unos cien mil judíos, que no aceptaron convertirse al catolicismo para evitar la ley, se vieron obligados a salir de España. Concluía así una presencia que era más antigua en varios siglos que la de romanos o musulmanes.

**¿Por qué fue vivida de una manera tan dolorosa por los judíos españoles?**

Aparte del drama personal de cada uno, por dos razones fundamentales. La primera, por la vinculación con España, que era milenaria y que había dado lugar a algunas de las páginas más brillantes de la Historia judía; y la segunda, porque se produjo cuando ya habían terminado las expulsiones en otros lugares y no era previsible que fuera a producirse ese fenómeno en España. Se trata de una herida que quedó abierta durante siglos.

**¿Cuáles fueron sus consecuencias?**

En contra de lo que se afirma con frecuencia, no es cierto que España perdiera a una clase especialmente emprendedora y que comenzara por ello su decadencia. De hecho, la hegemonía española comenzó con la expulsión de los judíos, que en su mayor parte estaban vinculados a la agricultura como el resto de los españoles y no llevaban una vida muy diferente. Sí es verdad que la pérdida de capital humano fue importante. Las peores consecuencias fueron, sin duda, para los expulsados, pero tampoco las hubo buenas para los que expulsaron. Buena prueba de ello es que no se solucionó el problema de los conversos y que la Inquisición siguió actuando durante los siglos siguientes contra los denominados marranos o judíos secretos.

Con la expulsión, aparte de las obligadas consideraciones morales, los Reyes Católicos cometieron un gravísimo error —quizá el único de su reinado— que tuvo nefastas consecuencias para todos.

CAPÍTULO XLIX

# El reinado de los Reyes Católicos (V): el descubrimiento de América

*Como ya señalamos en el capítulo anterior, el final de la Reconquista, en 1492, estuvo vinculado a otros dos hechos de enorme relevancia: la expulsión de los judíos y el descubrimiento de América. En este capítulo vamos a examinar el segundo episodio.*

## ¿Cuáles fueron los precedentes del descubrimiento de América?

En contra de lo que afirman las leyendas no fueron los supuestos viajes de los vikingos, que jamás estuvieron en el continente americano. Los precedentes se hallan más bien en los relatos de Marco Polo que en el siglo XIII se refirió a las riquezas de Catay; en los cosmógrafos del siglo XV como Pedro Ailly y Paolo Toscanelli, que hablaron de la posibilidad de llegar a Oriente por una ruta occidental, y en los hombres de Enrique el Navegante, especialmente Bartolomé Díaz, que alcanzó en 1487 el cabo de Buena Esperanza. El mundo comenzaba a aparecer como una realidad abarcable y, sobre todo, tentadora.

**¿Quién era Cristóbal Colón?**

Un marino de origen desconocido, al que desde hace décadas se ha atribuido un origen genovés, aunque resulta mucho más probable que fuera balear.

De origen judío converso —lo que explica su interés por ocultar su pasado—, navegó por el Mediterráneo y el Atlántico, pero, por encima de todo, tuvo una visión providencialista que se percibe en su *Libro de las profecías*. En esta bien reveladora obra, indica cómo la Segunda Venida de Cristo debería ser precedida por el descubrimiento de nuevos mundos en los que pudiera predicarse el Evangelio.

**¿Por qué ofreció sus servicios a los reyes de España?**

Lo cierto es que, inicialmente, lo intentó con Dinamarca, Inglaterra y Francia. Luego trató de que Juan II de Portugal lo apoyara, pero no lo consiguió. Finalmente, se puso en contacto con fray Juan Pérez y fray Antonio de Marchena, del convento franciscano de La Rábida, que eran conversos y que le pusieron en contacto con la reina Isabel.

Tras aquel primer contacto con la reina, una junta de sabios se encargó de estudiar el proyecto, pero lo desestimó y Colón tuvo que esperar seis años. Cuando, cansado por la demora, Colón estaba a punto de marchar a Francia, fue llamado por los reyes y suscribió las Capitulaciones de Santa Fe, que fijaban las condiciones de la expedición para partir hacia las Indias.

**¿Qué decidió a los reyes a ayudarlo?**

En primer lugar, la convicción de Isabel, que percibía posibilidades en aquel viaje y que había quedado fascinada por la cosmovisión de Colón expuesta en su *Libro de las profecías*. Pero a esto se sumó el final de la guerra de Granada, que no sólo liberó recursos, sino que además inyectó un enorme optimismo nacional.

CAPÍTULO L

# El reinado de los Reyes Católicos (VI): Colón llega a América

*En el capítulo anterior nos referimos a los prolegómenos de la gesta americana. Hoy vamos a detenernos en cómo se llevó a cabo el viaje del descubrimiento.*

**Desde hace siglos, se ha insistido en que Colón no fue el primer europeo que llegó a América. Se ha hablado de los vikingos, aunque ya nos indicaste que esa afirmación carece de base real, pero ¿llegó algún europeo a América antes de Colón?**

No... Salvo el Protonauta.

**¿Quién era el Protonauta?**

Se da ese nombre a un viajero que habría alcanzado América antes que Colón. A él se refieren Bartolomé de las Casas, Gonzalo Fernández de Oviedo y López de Gómara. Según el Inca Garcilaso, se llamaba Alonso Sánchez de Huelva.

Los hechos debieron de ser, aproximadamente, de la manera siguiente. En el archipiélago de las Azores, lugar en el que recalaban todos los barcos de las expediciones patrocinadas por Portugal, Colón «casualmente» se topó con un extraño suceso: la aparición de un barco dado por perdido tiempo atrás, durante una tormenta, cuando realizaba el viaje de vuelta desde el área central africana (volta doble). Los tripulantes del barco habrían sido arrastrados por la *Gulf Stream* (corriente del Golfo) hasta las costas americanas, donde permanecieron durante cierto período de tiempo, tras el cual decidieron la vuelta a Portugal. La tripulación se vio mermada durante las dos travesías, llegando a Azores sólo un navegante, al que el profesor Manzano llamó Protonauta. Este individuo supuestamente narró a Colón los pormenores de su travesía, y acto seguido murió, con lo que Colón fue el depositario de una información vital y desconocida por la Escuela de Sagres.

**Entonces ¿Colón contaba con datos esenciales?**

Así es y eso explica lo que cuenta Bartolomé de las Casas en el sentido de que Colón hablaba con tanta seguridad de aquellas tierras que «parecía que pudiera sacarse de la ropa aquel mundo y enseñarlo».

**¿Cómo fue el primer viaje de Colón?**

El 12 de agosto de 1492, la flota de Colón tuvo que atracar en las islas Canarias. Finalmente, el 6 de septiembre Colón puso rumbo a las Indias. A principios de octubre logró controlar un incipiente motín. Finalmente, en la madrugada del 12 de octubre, el vigía Rodrigo de Triana, desde la *Pinta*, lanzó el deseado grito de «¡Tierra!».

La flota de Colón acababa de avistar la isla de Guanahaní, perteneciente a las Bahamas, que sería rebautizada como San Salvador.

Poco después continuaron viaje hasta Cuba y la Hispaniola, es decir, la Pequeña España (Santo Domingo-Haití). Precisamente fue allí donde Colón fundó el primer asentamiento español en América, el fuerte Navidad, por haberse constituido el 25 de diciembre de 1492. Tras esto, Colón regresó a España para transmitir la noticia de su descubrimiento.

**¿Cómo fueron los sucesivos viajes de Colón?**

En el segundo viaje —septiembre de 1493-marzo de 1496— Colón descubrió la ruta más rápida y segura para navegar entre Europa y América (veintiún días). Además llegó a las islas Deseada, Dominica, Guadalupe, Montserrat y Puerto Rico. Tras encontrar en ruinas el Fuerte Navidad, Colón fundó al noreste de Haití la primera población europea de América: La Isabela.

En el tercer viaje —enero de 1498-noviembre de 1500— Colón llegó a la isla Trinidad, la costa de Venezuela y la desembocadura del río Orinoco. Se alcanzaba por primera vez el continente. Mal administrador, Colón fue condenado por el juez real Francisco Bobadilla y enviado a España. Pese a que fue liberado inmediatamente, perdió todos sus privilegios.

En el cuarto viaje —marzo de 1502-noviembre de 1504— Colón trató una vez más de encontrar el paso hacia Asia, pero, como era lógico, volvió a fracasar. Exploró, sin embargo, las costas de Honduras, Nicaragua, Costa Rica y Panamá, sólo para constatar que no había forma de bordear las nuevas tierras conocidas. Finalmente, regresó a España cansado y gravemente enfermo, aunque negándose a reconocer que sus descubrimientos estaban relacionados con un nuevo continente desconocido hasta entonces y no con Asia.

**Desde hace siglos, se ha insistido en que Colón fue tratado ingratamente por los Reyes Católicos. Pero en realidad, ¿fue así?**

No. De hecho, de acuerdo con las Capitulaciones de Santa Fe, del 17 de abril de 1492, Colón obtenía unas condiciones verdaderamente extraordinarias que podrían resumirse de la manera siguiente:

1. El título de Almirante en todas las tierras que descubriese o ganase en la Mar Océana, con carácter hereditario y con el mismo rango que el almirante de Castilla.
2. El título de Virrey y Gobernador General en todas las islas o tierras firmes que descubriera o ganara en dichos mares, recibiendo el derecho de proponer ternas para el gobierno de cada uno de los cargos.
3. El diezmo, es decir, el diez por ciento del producto neto de la mercadería comprada, ganada, hallada o trocada dentro de los límites del almirantazgo, quedando un quinto para la corona.
4. La jurisdicción comercial de los pleitos derivados del comercio en la zona de su almirantazgo, según correspondiese a tal oficio.
5. El derecho a contribuir con un octavo de la expedición y participar de las ganancias en esa misma proporción.

La verdad es que, se mire como se mire, las condiciones difícilmente podían haber sido más generosas.

**¿Se cumplieron esas condiciones?**

Durante un tiempo. En 1500, alertados de una posible mala administración, los reyes enviaron a la Hispaniola al administrador real Francisco de Bobadilla, que el 23 de agosto detuvo a Colón y a sus hermanos y los envió hacia España. Al llegar a España, Colón logró recuperar la libertad, pero había perdido su prestigio y sus poderes. A pesar de eso, no todo estaba decidido. A decir verdad, la reina no miraba con malevolencia a Colón, pero cuando falleció el 26 de noviembre de 1504, quedó de manifiesto que Fernando el Católico no estaba dispuesto a cumplir con las Capitulaciones de Santa Fe. Colón fue despedido y falleció en Valladolid el 20 o 21 de mayo de 1506.

**Por cierto, el cuerpo de Colón iba a sufrir no pocos viajes después de muerto...**

Así es. Fue enterrado en la Cartuja de las Cuevas, en Sevilla, pero posteriormente, en 1541, fue trasladado a la catedral de Santo Domingo, en la Hispaniola, a petición de la virreina María de Toledo, viuda de Diego Colón. En 1795, cuando Francia se hizo con el dominio de Santo Domingo, los restos de Colón fueron trasladados a la catedral de La Habana, de donde volvieron a Sevilla, a su catedral, cuando en 1898 Cuba fue ocupada por los norteamericanos. Todo este periplo ha provocado que no se sepa a ciencia cierta el lugar en el que descansan los restos del Almirante.

**¿Se conformaron los descendientes de Colón con la suerte corrida por el Almirante?**

La verdad es que no. Después de la muerte de la reina y de Colón, en 1508, su hijo Diego Colón recibió el cargo de gobernador de las islas descubiertas por su padre, con dignidad de virrey, pero reducida esa condición a mero título.

Don Diego pleiteó al oponerse al nombramiento de gobernadores hechos por la corona. Deseaba obviamente mantener una autoridad con caracteres señoriales y así surgieron los «pleitos colombinos». En 1535-1536, con notable sentido práctico, Luis Colón, un nieto de Cristóbal Colón, renunció a las mercedes de 1492, sobre todo, al título de virrey, y mantuvo el título honorífico de Almirante con renta natural. En ese momento, Carlos V estaba nombrando al primer virrey americano, el de México.

CAPÍTULO LI

# El reinado de los Reyes Católicos (VII): la legalidad de la conquista

*En los capítulos anteriores hemos abordado la forma en que se llevó a cabo la gesta americana. En las páginas siguientes vamos a detenernos en la justificación legal que hubo para la empresa.*

**¿Cuáles fueron los títulos legales para la conquista española de América?**

En primer lugar, hay que tener en cuenta que en aquel entonces se consideraba que el papa era el vicario de Cristo en la Tierra y que esa circunstancia implicaba su competencia para decidir en disputas territoriales ya que el universo es de Dios. Hasta entonces las rutas atlánticas se habían repartido con una división norte-sur siguiendo la frontera un paralelo a tenor de lo expuesto en el Tratado de Alcaçovas de 1479. Ahora iba a hacerse lo mismo de este a oeste siguiendo un meridiano que pasaba a cien leguas de las Azores y Cabo Verde. Para evitar conflictos entre España y Portugal, hubo que recurrir al arbitraje papal.

La resolución papal recibió la forma de bulas que

concedieron el dominio sobre tierras descubiertas y por descubrir en las islas y tierra firme del Mar Océano, decretando la excomunión sobre los que viajaran a las Indias por el oeste sin autorización de los reyes de Castilla. La única contrapartida de la donación era la obligación de evangelizar las tierras concedidas. Los Reyes Católicos, por tanto, recibían el título legal de la época para llevar a cabo las tareas de descubrimiento y colonización.

**¿Cómo quedaron fijados esos títulos?**

En las Bulas Alejandrinas (las dos *Inter cœtera*, *Eximiœ devotionis* y *Dudum siquidemque*) emitidas por la Santa Sede en 1493 a petición de los Reyes Católicos.

**¿Pudo influir en esa decisión que Alejandro VI, el papa Borgia, fuera español?**

Seguramente, pero también influyó el que fuera este pontífice el que concedió el título de Reyes Católicos a Isabel y Fernando, el que hubiera recibido donaciones como la destinada a construir la capilla de la Academia Española en Roma —San Pietro in Montorio— en 1502 con el primer oro llegado de América y, sobre todo, la hostilidad de Carlos VIII de Francia hacia el papa.

**¿Qué repercusión política y legal tuvieron las bulas papales?**

Jurídicamente mucha, porque dieron lugar a la Junta de Valladolid (1550-1551) donde se enfrentaron Juan Ginés de Sepúlveda y el padre Las Casas y se discutieron los derechos de que disfrutaban los indígenas del continente americano.

Sin embargo, sus consecuencias políticas fueron desafiadas y no sólo por la Reforma que rechazaba el poder del papa sobre continentes e islas, sino también por otras naciones católicas. Como señaló Francisco I de Francia, «¿dónde está la cláusula del testamento de Adán que reparte el mundo entre castellanos y portugueses?»

CAPÍTULO LII

# El reinado de los Reyes Católicos (VIII): las guerras de Italia

*En el capítulo anterior señalamos la justificación legal con que contó, de acuerdo con las concepciones jurídicas de la época, la empresa de Indias. En las páginas siguientes, nos vamos a detener en un episodio histórico que tendría menos prolongación en el tiempo, pero que, en su día, estuvo dotado de una enorme relevancia: las guerras de Italia.*

## ¿Por qué intervino España en Italia?

En 1494, a los dos años de la reconquista de Granada y del descubrimiento de América, falleció el rey Fernando I de Nápoles, hijo de Alfonso V de Aragón. Como sucesor fue nombrado su hijo Alfonso II de Nápoles. Sin embargo, aquella sucesión no fue aceptada por Francia que procedió a invadir Nápoles. Acto seguido, se autocoronó monarca Carlos VIII de Francia. Semejante quebrantamiento de la legalidad amenazaba la situación de los Estados Pontificios, pero también la seguridad del Mediterráneo, y para enfrentarse con semejante eventualidad Fernando el Católico —que era familiar del rey injustamente destronado— comenzó a buscar apoyos para una intervención. Logró el del papa y el de Florencia y la no menos importante neutralidad de Venecia. Al frente de las tropas españolas estaría Gonzalo de Córdoba, un militar que había destacado bajo pabellón castellano durante la guerra de Granada. Comenzaba así la primera guerra de Nápoles.

**¿Cuál fue el resultado de esa primera guerra?**

Gonzalo Fernández de Córdoba asestó una derrota tras otra a las armas francesas y aunque, en el curso del conflicto, Alfonso II murió, lo sucedió don Fadrique. Tras la victoria española de Gaeta, los franceses se vieron obligados a reembarcar hacia Francia, y sus naves fueron destruidas por una tempestad. Así, en 1498, tras un trienio de triunfos militares, los soldados españoles pudieron regresar a la patria dejando el reino de Nápoles en manos de don Fadrique. Pero aquello era sólo el principio. Dos años después se iniciaría una segunda guerra italiana.

**¿Por qué se produjo una segunda guerra italiana?**

Por la actitud maquiavélica de Fernando el Católico y de Luis XII de Francia. Si la guerra anterior vino motivada por un deseo de respetar la legalidad dinástica, ésta tuvo su origen en la codicia. En 1500, el rey de España y el de Francia firmaron el Tratado secreto de Chambord-Granada en virtud del cual se repartían el reino de Nápoles. Luis XII se convertía en rey de Nápoles y de Jerusalén y recibía las provincias de Labor y el Abruzo, mientras que Fernando pasaba a ser el duque de Puglia y de Calabria. Semejante reparto iba a crear problemas desde el principio por cuestiones de límites aunque, en realidad la razón del conflicto fuera que los dos monarcas ambicionaban tener el control exclusivo. No puede sorprender, por tanto, que estallara una segunda guerra.

Francia contaba con una enorme superioridad numérica y material, pero Gonzalo Fernández de Córdoba logró conjurar la amenaza y, una vez más, humilló con una victoria tras otra a los ejércitos de Francia. Así, triunfos como los de Ceriñola y Garellano (1503) acabaron obligando a los franceses a abandonar el reino de Nápoles.

**¿Qué consecuencias tuvieron las guerras en Italia?**

En primer lugar, coronar el sueño de proyección mediterránea que, desde la Edad Media, había tenido Aragón, pero que ahora conseguía toda España.

En segundo lugar, se produjo un fortalecimiento de la alianza papal de enorme relevancia para la política de expansión territorial de España.

Finalmente, estas guerras permitieron controlar la política de Francia, secular enemigo de los intereses españoles.

**Suele ser común referirse a la avaricia de Fernando el Católico en su trato con el Gran Capitán. Incluso es habitual mencionar la gallarda respuesta del militar «palas, picos y azadones» como una muestra de donaire. ¿Cómo se produjo la anécdota?**

Se cuenta que cuando Fernando el Católico —gran tacaño— pidió cuentas a Fernando González de Córdoba, el Gran Capitán, de los gastos que había costado la guerra de Italia, el genial militar le respondió: «Por picos, palas y azadones, cien millones de ducados; por limosnas para que frailes y monjas rezasen por los españoles, ciento cincuenta mil ducados; por guantes perfumados para que los soldados no oliesen el hedor de la batalla, doscientos millones de ducados; por reponer las campanas averiadas a causa del continuo repicar a victoria, ciento setenta mil ducados; y, finalmente, por la paciencia de tener que descender a estas pequeñeces del rey a quien he regalado un reino, cien millones de ducados.»

Algunos sitúan la anécdota en 1504, tras la muerte de Isabel la Católica, como un intento de los enemigos del Gran Capitán por acabar con su carrera. En ello habría tenido un papel relevante Juan Bautista Spinelli, que había recibido dos bofetadas de él.

Otras fuentes indican que el episodio se produjo en 1506, tras tener lugar la muerte de Felipe el Hermoso y ante el peligro de una nueva agresión francesa. Yo, personalmente, me inclino por esta tesis.

**Y en esa disputa, ¿quién tenía la razón? ¿Fernando o el Gran Capitán?**

Fernando, porque los gastos no estaban justificados. Un cronista de la época haría el siguiente resumen:

> En el primer capítulo asentó que había gastado en frailes y sacerdotes, religiosos, en pobres y monjas, los cuales continuamente estaban en oración rogando a Nuestro Señor Jesucristo, y a todos los santos y santas que le diesen victoria, doscientos mil y setecientos treinta y seis ducados y nueve reales. La segunda partida asentó setecientos mil y cuatrocientos y noventa y cuatro ducados a

> las espías de los cuales había entendido los designios de los enemigos y ganado muchas victorias, y finalmente, la libre posesión de tan gran reino.

Pero no se trata únicamente de la dudosa administración de los caudales regios, sino del temor de que Gonzalo de Córdoba se convirtiera en rey de Nápoles —como le sugería algún compañero de armas o algunos napolitanos— o, actuando como un condotiero cambiara de señor y se pusiera al servicio del papa. Fernando supo conseguir que regresara a España y conjuró el peligro. A partir de entonces, crecería la leyenda.

CAPÍTULO LIII

# El reinado de los Reyes Católicos (IX): la política matrimonial

*En el capítulo anterior estudiamos las guerras de Italia. Sin ningún género de dudas, se trató de un episodio de extraordinaria proyección internacional de España. Con todo, no se trató del episodio más importante en la política internacional de los Reyes Católicos. De hecho, ese calificativo debería reservarse a su política matrimonial.*

**¿Qué finalidades perseguía la política matrimonial de los Reyes Católicos?**

Constituía un programa de acción internacional de primer orden cuya actualidad resulta innegable.

En primer lugar, su intención era aislar a Francia, una potencia que durante siglos ha sido enemiga de España y que ha mostrado una enorme agresividad contra otras naciones del continente. Los matrimonios concertados con Flandes, Inglaterra y el imperio alemán pretendían conjurar ese peligro para la paz y la estabilidad de Europa.

En segundo lugar, buscaba concluir la reunificación de España, recuperando los vínculos que siempre han existido con lo que ahora es Portugal.

Finalmente, la política matrimonial pretendía proyectar a España hacia el Atlántico y Europa central, en un plan europeísta de enorme magnitud.

**¿Cómo se concretó esa política matrimonial?**

En el caso de la unión con Portugal, los Reyes Católicos pactaron el matrimonio de su hija Isabel con el infante Alfonso de Portugal y luego con Manuel I de Portugal, primo de su primer esposo. Al fallecer Isabel, casaron a su hija María con Manuel de Portugal, su concuñado.

En el caso de Austria, casaron a Juan con Margarita de Austria, pero el proyecto se frustró al fallecer el infante prematuramente en 1497.

La alianza con Flandes —e indirectamente con el imperio alemán— se articuló mediante el matrimonio de Juana (la que luego sería conocida como «la Loca») con Felipe el Hermoso, hijo del emperador Maximiliano. Se continuaba así la política castellana de proyección hacia el norte y centro de Europa que ya vimos durante el reinado de Alfonso X el Sabio y, posteriormente, con otros monarcas.

Finalmente, la alianza con Inglaterra se cimentó sobre el matrimonio de la infanta Catalina con Arturo, el príncipe de Gales, y, a la muerte de éste, con Enrique, que, posteriormente, llegaría a ser Enrique VIII.

**¿Qué resultados tuvo la política matrimonial de los Reyes Católicos?**

Desiguales, porque como dice el refrán, el hombre propone y Dios dispone. Ciertamente, permitió aislar a

Francia —lo que obtuvo un magnífico resultado—, pero la reunificación con Portugal sólo tuvo lugar con Felipe II; y la alianza centroeuropea, al fin y a la postre, resultó contraproducente para el destino de España.

CAPÍTULO LIV

# El reinado de los Reyes Católicos (X): el Renacimiento español

*Suele repetirse el tópico de que, a diferencia de lo sucedido en otras naciones europeas, en España no hubo Renacimiento. La realidad fue muy diferente. Lo cierto es que España disfrutó de un Renacimiento con una pujanza verdaderamente espectacular.*

**Se ha negado mucho que existiera en España un Renacimiento. En realidad, ¿tuvo un Renacimiento propio?**

Sin duda, con un despertar humanista y artístico.

**¿Cómo se manifestó?**

Podríamos decir que su inicio arrancó del gusto por las lenguas clásicas, una circunstancia en la que influyó enormemente la reina Isabel. Ese gusto por las lenguas clásicas vino acrecentado por la labor de personajes como Beatriz Galindo (la Latina) y por la llegada de italianos como Lucio Marineo Sículo y Pedro Mártir de Anglería.

Esa conexión con los clásicos y la conciencia de estar levantando un imperio sirvió de acicate para el cultivo de la filología, como dejaron de manifiesto Antonio de Nebrija —autor de una gramática de la lengua castellana— y el Brocense.

También relacionado con el conocimiento de los clásicos se encontró la obra filosófica de Juan Luis Vives o los grandes aportes en lenguas bíblicas que, años después, cuajarían en la edición de la Biblia Políglota Complutense y la fundación de la Universidad de Alcalá de Henares.

**¿Existió también un Renacimiento que afectara a las artes plásticas?**

Sin duda. El denominado «estilo Isabel» es todavía gótico, pero en el plateresco y, sobre todo, en el Cisneros aparecen elementos renacentistas.

También encontramos manifestaciones renacentistas en la escultura, como es el caso del sepulcro de los Reyes Católicos en Granada, de Domenico Fancelli o el retablo del Pilar de Zaragoza, de Damián Forment, y en la pintura, como el retablo de Santo Tomás de Ávila, de Pedro González Berruguete.

Ciertamente, en España hubo un Renacimiento que sentaría las bases de ese período insuperable e incomparable que fueron los Siglos de Oro.

Lo que no he estudiado mucho, Federico, y tú como filólogo conoces mejor, es cómo el castellano se convierte en esa época en la lengua común de todos los españoles, de la Europa culta y luego de los españoles de América. Así que déjame que te pregunte yo.

**¿Cómo se desarrolla ese proceso? ¿Está ligado por fuerza a la unidad de España, como suele decirse por parte de los nacionalistas?**

No creo, César, que haga falta ser filólogo para interesarse por la historia de la lengua española, que es su nombre universal, aunque entre nosotros la llamemos «castellano». Yo siempre recomiendo el gran libro de Rafael Lapesa, de la Editorial Gredos, *Historia de la lengua española*, en uno de cuyos mapas se ve el nacimiento y la expansión del castellano durante la Edad Media. Por supuesto, incluye la expansión castellana, que incluía la repoblación de las ciudades, pero esa repoblación no se movía por criterios lingüísticos sino militares, así que no cabe suponer una voluntad de expansión lingüística por parte de Castilla, sino más bien la coincidencia de esa expansión con la del propio castellano, que es sorprendente y curiosísima.

**¿Tiene algo especial el castellano con respecto a los otros romances medievales?**

Pues sí, César. Tiene de especial que no se les parece, porque nace en los confines del romance leonés con el vascuence y es el único romance latino con un sistema vocálico diferenciado, tomado del vasco y simplificado en extremo: sólo cinco vocales, amén de su propia diptongación a partir del latín. Eso que le aleja de los demás romances latinos, aparentemente le perjudica; pero también lo distingue, algo que finalmente lo beneficia. A la larga, ese carácter romance raro, así como su situación central en la Península, lo convierten en la lengua franca o común de todos los reinos cristianos. Podríamos decir, pues, que se expande directamente como lengua de Castilla e indirectamente como lengua franca de todos los españoles. La expansión es de norte a sur, del «pequeño rincón» que era Castilla con Fernán González, hasta el reino de Toledo entre los siglos XII y XIV para luego expandirse, siempre en forma triangular, de menos a más, por Andalucía, Extremadura y Murcia.

Eso, de norte a sur, pero también se extiende en paralelo por el valle del Duero y, muy especialmente, por el valle del Ebro, nervio de la Corona de Aragón, que a finales del siglo XV, al llegar al poder los Reyes Católicos, está ya castellanizado. Así que tanto los reyes como los gramáticos, especialmente Nebrija, tienen conciencia de estar alumbrando una nueva España, pero basada en la antigua, con un nueva lengua común, la castellana, que se ha convertido en española, pero también basada en el latín, la lengua franca de toda Europa, cuyo cultivo les interesa tanto como el del castellano.

### ¿Es un proyecto de élites o popular?

La expansión del castellano es fundamentalmente popular, por su utilidad en la vida cotidiana que, no lo olvidemos, protagoniza una población mayoritariamente analfabeta. La suerte que tiene también ese romance tan raro, el castellano, es que en él se produce desde el siglo XV una obra lírica anónima y de una calidad excepcional: el *Romancero*. Durante el Siglo o Siglos de Oro, entre los siglos XVI y XVII, la gran literatura española no deja nunca de volver a esa fuente de inspiración popular y anónima. No ha dejado de hacerlo hasta el mismo siglo XX, con Juan Ramón Jiménez y las generaciones del

27, con Lorca y Alberti como figuras más conocidas, o del 36, con Miguel Hernández, entre otros. Hay una extraña conjunción de fortunas —gramatical, literaria, política y militar—, cada una de las cuales podría haber fracasado por sí sola, pero que triunfan prodigiosamente juntas.

El español es, en fin, la lengua de los españoles porque los españoles lo han querido. Lo ha sido desde los inicios, aunque ahora ya sólo seamos el tercer o cuarto país de lengua española en el mundo. Y el único del mundo en cuyo territorio no se puede escolarizar a los niños en lengua oficial y mayoritaria por más que se empeñen sus padres. Por lo visto, tanta suerte y tanto genio generaron sus contrarios: estupidez, ignorancia y tiranía.

CAPÍTULO LV

# El reinado de los Reyes Católicos (y XI): las grandes reformas

*En los capítulos anteriores hemos ido relatando algunos de los aspectos más relevantes del importantísimo reinado de los Reyes Católicos. Vamos a concluir nuestro estudio del mismo con una referencia a las grandes reformas que abordaron y que sentaron las bases del imperio español.*

**¿En qué terrenos especialmente se produjeron reformas durante el reinado de los Reyes Católicos?**

En algunos esenciales para el buen funcionamiento del Estado, el administrativo, el judicial, el económico y el militar.

**¿Cuáles fueron las principales reformas administrativas?**

En primer lugar, acabar con la corrupción en Hacienda, algo esencial para poder mantener en pie el edificio de la corona.

En segundo lugar, prestaron especial atención a la administración. Así, nombraron a corregidores encargados de vigilar la administración de los municipios.

Además, convirtieron el Consejo Real en eje de la política y, por añadidura, crearon el Consejo de Indias.

**¿Y las judiciales?**

La administración de justicia pasó a los letrados y dejó de estar en manos de los señores, con lo que se primó la competencia profesional sobre la sangre.

Igualmente, unificaron la legislación (v. g.: las leyes de Toro en Castilla). También prohibieron el derecho de asilo, innecesario en tiempos de orden y, como señalamos ya en un capítulo anterior, crearon la Santa Hermandad, antecedente histórico de la Guardia Civil.

**¿Y las económicas?**

Revocaron las mercedes que venían de la época de Enrique II. Acabaron con los abusos impositivos y suprimieron las fronteras aduaneras entre Castilla y Aragón.

**¿Y las militares?**

El ejército se hizo permanente y dependió directamente de la Corona. Además, se reorganizó por armas y unidades y se impulsaron la artillería y la marina, en este último caso para defender las rutas de Indias.

Estas reformas sentaron las bases de una hegemonía española que duraría siglo y medio, pero de eso —y de más cuestiones— nos ocuparemos en el próximo libro.